Mª Victoria Reyzábal

Emigrantes

EJERCICIOS ELABORADOS POR
Mª del Prado Martín Prado

ARCO/LIBROS,S.L.

Serie LECTURAS GRADUADAS
Dirección: FRANCISCO MORENO

Las «Lecturas graduadas» de Arco/Libros son un material de apoyo para la enseñanza y el aprendizaje de español. La colección intenta conjugar la literatura y el entretenimiento con la didáctica de la lengua.

Los textos se han concebido con cuatro niveles de dificultad, según el grado de riqueza léxica y el nivel de complejidad sintáctica y discursiva de cada uno de ellos, de acuerdo con las siguientes pautas:

- Nivel inicial: hasta 800 palabras; gramática básica.
- Nivel intermedio: hasta 1.200 palabras; complejidad gramatical media.
- Nivel avanzado: hasta 1.600 palabras; complejidad gramatical avanzada.
- Nivel superior: hasta 2.000 palabras; gramática superior.

Las lecturas van acompañadas de ejercicios destinados a:
- comprobar el nivel de comprensión del texto;
- practicar aspectos diversos de la lengua, según el nivel del lector (cuestiones gramaticales, cuestiones léxicas, cuestiones discursivas);
- ejecutar, principalmente, la comprensión lectora y la expresión escrita

Ilustración de cubierta: José Fco. Parreño.

© 2001 by ARCO/LIBROS, S. L.
Juan Bautista de Toledo, 28. 28002 Madrid.
ISBN: 84-7635-482-7
Depósito Legal: M-41.799-2001
Ibérica Grafic, S. A. (Madrid).

Capítulo I
LA FAMILIA

1. *El viaje a otra tierra*

Eran jóvenes, fuertes y hasta guapos. Se querían comer el mundo y, animados por un tío poco conocido, decidieron irse a hacer las Américas[1] en Argentina. Cuando se casaron sólo tenían diecinueve añitos cada uno y veintiuno cuando nació su primer hijo, Alejandro; dos más tarde llegó María. Y con veinticinco partieron rumbo al Río de la Plata. Se creían maduros para afrontar lo que viniera, pero no lo estaban y debieron pagar por ello.

Cuando se casaron tuvieron que hacerlo con permiso especial de los padres —la mayoría de edad se concedía a los veintiuno—, pero su tozudez[2] los llevó a desafiar familia y sociedad. Él encontró un trabajo de operador —es decir, encargado de los pases de las películas— en un cine de barrio, ella atendía el hogar, una casa grande y destartalada con un patio-jardín espléndido. Luego, durante toda la vida, su hijo añoraría[3] flores y frutas perdidas siempre demasiado pronto.

---

[1] **hacer las Américas:** emigrar a América buscando hacerse rico. [2] **tozudez:** terquedad, cabezonería. [3] **añoraría:** echaría de menos.

No tenían estudios; la Guerra Civil española les impidió formarse profesionalmente; sin embargo, eran personas sensibles y algo cultas a su manera desigual. A él, le gustaba vestir con elegancia y le exigía a ella cuidados en su apariencia, en su ropa, peinados, complementos, lo que no siempre lograba. Todo hacía presagiar[4] una vida común de familia normal con economía, al menos, de subsistencia, pero al hacer balance, pasados los años, la realidad resultará peor de lo esperado.

Dejaron familia y patria y embarcaron para la República Argentina, país hermano, de igual idioma aunque de diferente lengua[5] y, sobre todo, de distinta geografía e historia. Carlos fue antes para preparar las cosas y buscar trabajo, más tarde llamaría a su mujer y prole[6]. Su hija aún recuerda la belleza del mar y los brillos solares que le enfermaron los ojos durante el viaje, así como su primogénito sabe de los mareos y náuseas constantes que le provocaban las olas. Al fin, llegaron a puerto en la inmensa y sobrecogedora Buenos Aires.

La capital de la nación es como todo un país, como Uruguay por ejemplo, tanto por el número de sus habitantes como por su extensión y riquezas naturales. Pero muy poco vieron ellos de ese esplendor, en esta ocasión. El marido-padre recogió a su gente y en autobús-colectivo continuaron viaje hasta Bahía Blanca, pequeña ciudad-puerto en la entrada a la Patagonia, pueblerina y monocorde[7] por entonces, aunque con Universidad y ciertos servicios. La

---

[4] **presagiar:** anticipar, anunciar.   [5] **de diferente lengua:** hace referencia a que en Argentina se habla la variante dialectal del español rioplatense.   [6] **prole:** descendencia.   [7] **pueblerina y monocorde:** con poca vida social y cultural.

nueva vivienda que esperaba al grupo era peor que la anterior, mínima, con baño en el exterior, sin agua caliente, ni cocina instalada... Sólo podía considerarse provisional, aunque en ella terminaran viviendo cerca de veinte años.

2. *Carencias y penalidades*

Todo cambió para ellos en la nueva tierra. El trabajo de Carlos que pasó a formar parte del extenso horario laboral de una gran Confitería, el colegio de los niños, la rutina de Isabel, asmática desde el principio y deprimida por la lejanía de los suyos; peor aún, ninguno sospechaba cómo se degradarían sus días y cuánto perderían en el camino. Por el momento, la situación no era buena pero mantenían la fe y la esperanza necesarias para cualquier aventura y con ellas comenzaron su emigración. Invierno tras invierno se mal lavaron con agua fría, semana tras semana recibieron y enviaron cartas semifalsas y completamente superficiales, hora tras hora trabajaron como esclavos, pensando en ahorrar para regresar ricos. Deseo tópico como tópica fue la falta de éxito.

Los hijos crecieron no tanto con el anhelo de regresar cuanto con el miedo de volver a dejar lo único que tenían y conocían, con el temor de nuevamente perder perros, amigos y, ahora, novia o novio. No obstante, inicialmente, con seis y cuatro años experimentaron el sabor de las nuevas comidas –mal aceptadas–, la desconocida soledad y la falta de todo aquello que cubrían abuelos, tíos y primos. Su edad no les permitía entender qué pasaba, pero sufrían la situación y se dolían de distancias incomprensibles. Les disgustaba escribir cartas tontas y recibir respuestas poco consoladoras. La madre iba desequilibrándose y se debatía entre la dejadez y la histeria, en una mezcla de desgarramiento exaltado. Gritaba por todo, menos por su pena; se quejaba de cualquier cosa, menos de su verdadera tristeza. El padre se marchaba temprano y volvía de noche, mientras ella, encerrada en casa, destejía ilusiones y los niños languidecían[8], pobremente uniformados –casi ridículos–, en un colegio de clase media alta donde eran marginados por compañeros y monjas despectivas.

De aquella época, recuerda Alejandro las lecturas que su madre les hacía de los relatos de Tarzán, el despertarse a media noche empapado porque su hermana –con la que dormía– se había orinado de nuevo y un sueño repetido en el que subía por una escalera hacia lo alto y de la que sólo se veían los peldaños una vez pisados, lo que interpretó, posteriormente, como el camino de la vida. A su vez, María remasca[9] con horror la carne que no podía tragar, las cuentas que no sabía sumar ni restar y cierta vivencia de estupidez ante la incuestionable inteligencia de su hermano. Isabel también rememora su juventud huérfana, antes de tiempo y su aislamiento, junto con la terrible necesidad de dormir siempre más, únicamente de dormir. Y Carlos quiere olvidar su fracaso, pero la rabia le sale por los poros, su frustración le va alejando de mujer e hijos, de hermanos, de amigos, de sí mismo. Después de muchos años, aún vivirá pensando en retornar, a pesar de

---

[8] **languidecían:** se debilitaban, perdían energía. [9] **remascar:** masticar repetidamente. De manera figurada, recordar con insistencia.

saber que no regresará nunca a esa España que ya no existe.

No obstante, todavía la lucha ante las contrariedades era común al grupo familiar. Cada uno trataba de organizar sus batallas y desvelos como podía, pero, en cualquier caso, con total entrega. Con el dinero ahorrado a base de miserias, Carlos compró su propia Pastelería; Isabel empezó a trabajar en ella, al lado de su marido. Los hijos progresaban en el colegio de manera dispar. Alejandro no tenía problemas de aprendizaje, si bien no destacaba a pesar de su evidente capacidad; María incluso retrocedía. Un día llegó contenta a casa:

—¡Mamá, me han pasado de curso! – gritaba alegre.

Su madre fue a averiguar qué pasaba y descubrió que la habían descendido a un curso inferior: María era un poco distraída o ilógica o absurda o lela[10] o simplemente imaginativa. Pintaba la copa de los árboles de rojo y sostenía que las vacas blancas dan la leche, las negras el café, las blancas y negras el café con leche y las marrones el chocolate. En una ocasión, pasó por un teatro en el que representaban la obra «Se necesita un hombre con cara de infeliz» y aseguró tajante que el estreno se retrasaba porque estaban buscando a ese individuo. Quizá era un poco pueril[11], pero con el tiempo progresaría adecuadamente.

Tenían poca ropa y solían usarla indefinidamente, calzaban zapatos malos que les destrozaban los pies y se privaban de cualquier cosa que no fuera esencial. Iban poco a médicos, nunca al dentista, jamás salían de vacaciones y comían casi siempre lo

---

[10] **lela:** boba, atontada.   [11] **pueril:** infantil.

mismo, una especie de cocido madrileño adaptado a la rioplatense, que incluía los tres platos. Para los chicos era una fiesta el día que venía a comer el tío Honorino, pues traía jamón, queso y frutas; además solía darles algo de dinero que ellos atesoraban para algún gasto extra, cuando Carlos no se lo reservaba para comprarles cosas necesarias.

Por aquel entonces, lo que más les dolió fue ir perdiendo la ternura de su padre, tal como desde el principio habían visto desaparecer la de su madre. Carlos pasó a ser un hombre adusto[12], autoritario, egoísta, nada hablador e incapaz de jugar con ellos, es decir, la antítesis[13] de sí mismo. Dejó de leer, dejó de dibujar, dejó de cepillar el cabello de María y de construir coches y revólveres para Alejandro, pero continuó inventando máquinas cinematográficas y galopando sobre Isabel, como comprobaba sorprendido su hijo, durante la siesta de los domingos, cuando espiaba el dormitorio paterno. Él oyó las palabras de amor de su padre, sintió el deseo de fuego con que acariciaba la extensión materna y quedó obnubilado por la belleza sensual del lenguaje y el erotismo de las caricias. Tal vez, de ahí nacieran sus impulsos desaforados[14] de amante y de poeta.

El negocio propio esclavizó aún más a la familia, no sólo los mayores trabajaban a destajo, sino que los muchachos de ocho y diez años colaboraban intensamente fuera de su horario escolar, incluyendo sábados y domingos. La Pastelería Rex se encargaba de realizar banquetes cada vez más numerosos y lujosos, para los que había que hacer miles de san-

---

[12] **adusto:** serio, severo, malhumorado.   [13] **antítesis:** lo contrario de.
[14] **desaforados:** excesivos, desmedidos, fuera de lo común.

wiches y pasteles, poner a punto innumerable vajilla y dar brillo a cientos de copas, tareas que, en buena parte, había que repetir al finalizar los festejos. La oferta familiar resultaba más barata que la de la competencia, pero los cuatro trabajaban durísimo para sacar la tarea adelante. El matrimonio sabía por qué hacía tanto sacrificio, pero los hijos maldecían el no tener un minuto para divertirse con sus amigos, el no poder asumir compromisos personales, pues nunca se sabía cuándo finalizaba la faena. Los cuatro trabajaban como bestias de carga[15] para tener un poco de dinero disponible en aras de proyectos que nunca se realizarían.

3. La separación de la familia

Con diez años, Alejandro cayó enfermo y el mal parecía grave, justo cuando estaba programado viajar de paseo a España, plan que se decidió no suspender. Para el pequeño, aquél fue un período negro. Algo raro le sucedía, pues todo se le caía de la mano derecha e, incluso, tropezaba y se iba al suelo porque le fallaba también la pierna del mismo lado. Se le acalambraba el brazo, agotado por el simple hecho de copiar los apuntes de clase, le fatigaba hasta respirar y le dolían todos los huesos. Sus padres no hicieron nada, hasta que ya en Buenos Aires, a punto de embarcar, se puso peor. El doctor al que consultaron habló de fiebres reumáticas y le recetó unas inyecciones, cuyo dolor aún revive con pánico. Gritando y llorando de sufrimiento –en la enfermería del barco– hizo el viaje de regreso. En Barcelona,

---

[15] **como bestias de carga:** muy duramente.

le bajaron en camilla porque ya no se tenía de pie, le metieron en un taxi y le llevaron a Madrid. Su padre se había quedado en Argentina y él se moría. Un nuevo médico completó el diagnóstico: mal de Corea y lesión cardiaca. Y probaron en él la cortisona que acababa de aparecer. Uno de esos días oyó a su madre gemir por teléfono a su esposo:

–Alejandro se muere – y agregó–, mientras tú vas de putas y te gastas el dinero ahorrado.

Escuchó a su abuela Carmen hacer promesas a Jesús de Medinaceli, el llanto de sus tías, los rezos de las vecinas, las maldiciones de los hombres del clan... Pero él sabía que ése no era su final, tenía que ser poeta y físico y arquitecto y astrónomo y médico y misionero y muchas cosas más. Un año entero estuvieron poniéndole inyecciones cada tres horas, con tomas de hasta veinte aspirinas por vez, sin moverse para nada de la cama, sin comer con la mano derecha, hinchándose como un globo a punto de estallar. El primer día que lo dejaron salir a la calle, caminó unos pasos y se fatigó tanto que pidió volver a la cama. Estaba harto del lecho[16] pero no resistía fuera de él. Su habitación se había convertido en una juguetería, pues las visitas le hacían regalos y la familia le traía más regalos. Pero se curó y la vida siguió su curso, una trayectoria no siempre esperable ni deseable.

Carlos, solo durante tres años, rehizo una existencia de aventuras que no había tenido de muchacho. Lamentó con lágrimas secas su soledad y enjugó sus penas con relaciones ocasionales. Algo parecido hacía Isabel, cortejada por hombres cuya única meta era disfrutar sin comprometer el futuro, como le había

---

[16] **lecho:** cama.

sucedido a su marido. Realmente esos años de mutuo olvido fueron probablemente los mejores de sus vidas, al menos en parte. Ambos gozaron sin demasiados obstáculos lo que cualquiera de su edad y condición tenía derecho a disfrutar y ellos se negaban en función de un porvenir que nunca llegaría. Al fin las dos familias forzarían el reencuentro poco ansiado por ellos. Y los tres hicieron nuevamente el camino del Atlántico hacia el sur americano. Antes, Alejandro disfrutó al máximo de la abuela Carmen, del tío Rafael y de la prima Esmeralda. Practicó esgrima para fortalecer el brazo derecho, dibujó maravillas e inició el juego de las confidencias, también aprendió a disparar con escopetas de aire comprimido, cuyos perdigones clavaba en gruesos ejemplares del Quijote, cosiendo con ellos sus páginas. María experimentó el interés amatorio antes que su hermano o de manera más exigente y perseguía muchachotes con insistencia, mientras continuaba jugando a las muñecas y aprendiendo a cocinar. Cada uno de ellos vivía en casa de un abuelo, aunque de tanto en tanto intercambiaban residencia. Alejandro quería más a la familia materna aunque prefería convivir con la paterna, ya que su hogar siempre estaba lleno de gente interesante; María sabía residir diestramente con las dos. Él hizo en Madrid los primeros novillos-rabonas para evitar pruebas sobre conjugaciones, María recibió –pequeña como era aún– besos previos a los besos. La enfermedad de su hermano la había vuelto a postergar, si bien otros primos se colocaban aún por debajo de ella, como se notaba en el reparto de obsequios.

Los dos hermanos eran completamente distintos: en su físico, sus inclinaciones, sus capacidades, sus actitudes, sus afectos. Al mayor le gustaba conocerlo todo, pintar, leer, escribir, patinar, desfacer entuertos[17], preguntar a los adultos; la pequeña pasaba[18] de esas cosas, prefería maquillarse a escondidas, ponerse los tacones de sus tías, entenderse con todo el mundo, jugar a los novios y remitirles cartitas; era una niña alegre y poco conflictiva. Se llevaban bien con la gente. Alejandro protegía a María de adversidades y ésta admiraba a su hermano sin reservas. También para ellos, y a pesar de todo, la estancia en Madrid era un paraíso que contenía toneladas de afecto y dones varios. Por eso, el regreso resultaba una tortura –antes, durante y después–. Un desgajarse[19] reiterado del árbol de la dicha y la abundancia para marchar, ciertamente, al otro mundo, un reino de privaciones, deberes y rigurosidades. Sin transición, los tres arribarían[20], nuevamente, a aquella especie de infierno que el padre había elegido para todos como territorio de su futura gloria. Igual que la primera vez, Carlos los esperó en el puerto de Buenos Aires e, inmediatamente, viajaron para Bahía Blanca. Allí los recibió la misma casucha tercermundista, el guiso único, el calzado de hierro y ningún, ningún capricho, salvo aquellos que se permitía el padre, quien ya para entonces empezaba a despreocuparse por su aspecto y el de su esposa; había dejado de inventar aparatos para mejorar las proyecciones cinematográficas y, en tres años sin compañía y sin enviar nada a la familia, no había ahorrado ni un solo peso.

---

[17] **desfacer entuertos:** compensar ofensas, deshacer o remediar agravios.
[18] **pasaba:** coloquialmente, se mostraba indiferente; no tenía interés.
[19] **desgajarse:** separarse.   [20] **arribarían:** llegarían.

4. Regreso a la Argentina y al destierro

Con trece y once años volvían a tener una cama pequeña para los dos, raídos uniformes escolares comprados de segunda mano aunque su madre solía confeccionar la ropa de todos, y la sensación de que les faltaban raíces sanas porque en tantas ocasiones se las habían arrancado. Isabel sufría por todo lo perdido y por la dificultad de reacomodar[21] el matrimonio. Alejandro maduró de golpe de pura pena, si bien desconocía su mal. Sólo María empezó a arreglárselas mejor. Carlos mandaba a golpe de imposición y castigo. En realidad ya vislumbraba el fracaso de su devenir vital y ello justificaba tal resentimiento y autoritarismo, en ocasiones despiadado. Él decidía, el resto obedecía, protestaba o lamentaba o claudicaba[22], pero él seguía ejerciendo el poder absoluto, ordenaba y prohibía. En esos años, ninguno inquirió[23] sobre el extravío de la ternura, de la racionalidad, de la más elemental alegría. Tal vez por ello, Isabel regresó a su asma y los chicos al colegio mediocre y al trabajo duro. Él era el jefe en casa, en el negocio y en el nuevo miedo que se fue adueñando de sus voluntades.

Carlos no era el hombre de la casa, sino su señor, su amo, si bien Isabel todavía lograba sacarle algunos permisos para los hijos. Los días eran tristes, las noches cortas, eso explicaría que casi siempre llegaran tarde a clase, hasta que la directora citó al padre y éste puso manos a la obra, aunque los muchachos no tenían la culpa del dormir permanente de la madre, ni del tener que asistir a clase sin haber des-

---

[21] **reacomodar:** preparar para la nueva situación, reajustar. [22] **claudicaba:** cedía, se resignaba. [23] **inquirió:** preguntó, pidió explicaciones.

cansado suficiente, sin ropa decente, con el guardapolvos sin planchar o los calcetines rotos. Alejandro deseaba que le sacaran de ese centro, que le apartaran de esos compañeros que se reían de su hermana y de él, que los llamaban «gallegos pata sucia», que los excluían de invitaciones y complicidades.

Las peleas en casa se repetían más frecuentemente y Carlos desaparecía por días y semanas, dejándolos sin dinero, sin comida, sin consuelo. Isabel no aprendía a tener una suma guardada para estos previsibles imprevistos ni le exigía cuentas cuando reaparecía, tampoco sabía controlarlo con artes femeninas. En la contienda, iba ciega al combate y, obviamente, siempre perdía, aunque algunas veces Alejandro se interpuso entre ambos para evitarle golpes. Pero, con el tiempo, también de eso se cansaría el hijo, sospechando que el ritual[24] de las disputas y las agresiones les venía bien a los dos. Al contrario que su hermano, María comprendió lo importante que podía resultar no enfrentarse al padre ni a nadie de forma directa; pactar, negociar, rogar resultaba más fructífero, pues siempre se conseguía algo más, así su conducta y la de Alejandro se fueron diferenciando hasta oponerse. Alejandro desafiaba, retaba a duelo y prefería morir en la lid antes que claudicar o ceder; María callaba, retrocedía para avanzar apenas un paso cuando había pasado la tempestad. No supieron entonces que aquella opción marcaría el resto de sus días. Uno se fue haciendo cada vez más introvertido y reacio a la autoridad, la otra más extrovertida y flexible, aquél se distanciaba cada vez más del modelo familiar, ésta entraba en sus tramoyas[25], jugando progresivamente

---

[24] **el ritual:** la repetición. [25] **tramoyas:** en sentido figurado, reglas de funcionamiento familiar.

mejor sus cartas con el paso del tiempo, aceptando una realidad poco gratificante. María terminó en el papel de hija perfecta, Alejandro en Judas[26].

Sin embargo, antes fueron las tardes de los miércoles en el cine porque entraban gratis y la porción de pizza barata a la salida, que les sabía a gloria[27]. Se veían nada menos que tres películas en la sala en que había trabajado Carlos recién radicado en Bahía, en la que les permitían ese día entrar sin pagar. La ceremonia cinematográfica tenía sus exigencias cuasirreligiosas, pues para disfrutar el programa completo se faltaba a clase y se libraba en el trabajo. Era la única diversión de la familia, que asistía al espectáculo entre cientos de críos chillones y madres complacientes. A pesar de ser propietarios de una Pastelería importante, no llevaban dulces, la pizza de cierre se engullía sin bebida, mientras caminaban hacia casa, por lo general con frío, pues en esa ciudad suele bajar la temperatura por las noches. Al llegar, terminaban los deberes inconclusos y se acostaban. Alejandro leía hasta tarde, aguantando sermones y amenazas, María caía como un ladrillo y ellos reiniciaban los abrazos, volvían a desearse, a encontrarse, aunque de otra manera menos cálida.

En cierto cumpleaños, Isabel le regaló a Carlos unos discos de tangos que en cuanto fueron entregados volaron por los aires. Él no soportaba infidelidades a lo español. Cualquier canción, comida, palabra, libro, paisaje, aspiración debía relacionarse con España, nada argentino le resultaba aceptable o disfrutable. Cuanto más difícil parecía el regreso, más se refugiaba en el rencor y el desprecio irracio-

---

[26] **Judas:** traidor. [27] **les sabía a gloria:** les resultaba muy rica, les parecía muy sabrosa.

nal por todo lo relativo al país en el que viviría hasta su muerte, durante más de sesenta años. Esa actitud beligerante[28] impidió que Isabel, menos rígida en su patriotismo, disfrutara de una tierra y unas gentes cuanto menos como las ibéricas y además las únicas incluidas en su realidad cotidiana. Carlos castigaba a sus hijos si seseaban[29] o empleaban el voseo[30], cuando utilizaban un léxico criollo, cuando canturreaban coplas de Mercedes Sosa, cuando salían con compañeros nativos. Sólo lo hispánico era digno y había que protegerlo como una reliquia sagrada. Porque adivinó que no podría regresar, intentó encarcelar entre las paredes de su hogar una patria que ya no existía para nadie. Cuanto más perdía Carlos las riendas de su propio destino, más pretendía resguardar lo que no podía poseer.

5. *La pérdida definitiva de las raíces*

Por aquella época, fallecieron los padres de ambos, luego la abuela Carmen. Sólo sobrevivió Dolores, la madre de él, la cual con el paso del tiempo también se fue endureciendo con una autoridad que nadie le reconocía. Más tarde, murió Rafael, el hermano pintor de Carlos. Isabel sufrió la desaparición de su madre con la intensidad que la caracterizaba en el dolor. Alejandro quedó confuso varios meses, como extraviado, había planeado reencuentros que ahora se desvanecían. Quizá, fue la primera vez que vivenció la diferencia radical entre deseo y realidad, entre voluntad y destino, algo que

---

[28] **beligerante:** reivindicativa, guerrera, agresiva. [29] **seseaban:** pronunciaban la *z* o la *c*, ante *e*, *i*, como *s*. [30] **voseo:** uso de *vos* en lugar de *tú*.

luego experimentaría con la muerte de su hermana. A Carlos y María esta pérdida les resultó llevadera, sus grandes afectos se dirigían a otros seres. Sin embargo, para Carlos fue terrible la desaparición de Rafael, promesa familiar y envidia de los hermanos por el que todos habían hecho sacrificios y hombre joven. Sus estudios en Bellas Artes y sus posteriores exposiciones se habían costeado con las aportaciones de cada uno de los miembros de la familia, sólo se libró el pequeño porque no trabajaba. Ahora, había fallecido cuando se acercaba su reconocimiento, cuando le hacían encargos importantes: los frescos de una gran iglesia en Francia, la restauración de las pinturas de otra en Madrid, la decoración completa de una discoteca de lujo, el retrato del hijo del rey...

Rafael era el padrino de Alejandro y ambos tenían una relación afectiva muy fuerte. El tío se lo llevaba por campos, pueblos y otros laberintos geográficos para que pintara con él. Alejandro le adoraba sin ningún tipo de grieta[31]. Mientras estuvo enfermo, era Rafael quien le traía los mejores obsequios, los más apreciados por el niño, que compartía con su novia la máxima atención. Sin embargo, toda esa bella camaradería se rompió cuando Alejandro comprobó que su tío mentía en cuestiones pueriles y que, incluso, se burlaba de él porque, pensando que tenía poco dinero, rechazó trenes, bicicletas y escopetas, eligiendo un simple juego de la oca.

—Este niño es tonto, pudiendo quedarse con cosas maravillosas, ha preferido un vulgar juego de mesa —dijo el tío irónico a su madre.

---

[31] **sin ningún tipo de grieta:** sin ningún tipo de cuestionamiento, sin ninguna duda.

Tanta torpeza y escasa sensibilidad destrozaron el afecto infantil y generoso de Alejandro, quien se dio cuenta de la poca valoración que se hacía de su gesto ya que se lo ridiculizaba. Pero la puñalada definitiva llegaría días después, cuando Rafael cuestionó la impecable conducta de su abuela Carmen. A partir de entonces, Alejandro se negó a aceptar nada de su tío e, incluso, rechazó paseos, excursiones, proyectos e intentos de arreglo. Había perdido la inocencia con que se volcaba en las relaciones. Sólo mucho más tarde, a menudo con pesar, desarrollaría la capacidad o la resignación o la necesidad de recomenzar mil veces, de dar siempre otra oportunidad. Pero en esta ocasión no la concedió y, por ello, se alejó de su tío a pesar de la herida que tal pérdida le abría en el pecho.

Los quereres de María eran más simples, más limitados, más concretos y, en consecuencia, menos dramáticos y frustrantes. Ella convivía en armonía con todos, si bien destacaba a su abuelo Felipe, que la había seleccionado como nieta preferida porque su mujer ya se había prendado de Alejandro y porque para su personalidad reposada, elemental y bonachona, María resultaba más adecuada, más llevadera, menos explosiva.

Progresivamente, desde su residencia casi en el fin del mundo, los cuatro fueron perdiendo a sus seres más queridos; después de la abuela Carmen y Rafael, murió Donaciano, el padre de Carlos, persona sencilla y callada, y por último, el abuelo Felipe. Isabel comenzó a reducir su interés por el regreso aunque inicialmente no se dio cuenta y María empezó un camino inequívoco que la enraizaría para siempre en Bahía, si bien por esos días todos luchaban para perdonarse rasguños y encontrar la fórmula milagrosa de la convivencia. Reiniciaron el trabajo en la Pastelería, en la preparación de nuevos banquetes y en el ahorro feroz, como si el dinero fuera sangre vital que debe atesorarse y no derramarse aunque al final cueste la vida.

Isabel empeoró de su asma, Carlos se hizo más egoísta e intransigente, Alejandro más soñador y María más práctica. Cada uno fue avanzando en un perfil quizá predecible en líneas generales pero no en sus radicalidades.

Alejandro conoció a alguien que le llegó al alma, su compañera de colegio Stella Maris y durante unos años vivió para ella: gozó, sufrió, deseó, escribió y naufragó en su nombre[32]. Al final, todo salió mal. Los padres de Stella denunciaron a la directora de la escuela las mil cartitas apasionadas y perversamente interpretadas que Alejandro enviaba a su hija. La monja de turno habló con Carlos y expulsó a su hijo, quien recibió la paliza más desmesurada[33] e injusta de su corta historia; por primera vez, la madre apoyaba el castigo. Para dejar fuera de cualquier mala consecuencia a Stella, Alejandro dijo ser el único responsable y aseguró perseguir a su amiga aunque ésta le rechazaba. Antes, escondió en lugar seguro las cartas recibidas por él en el intercambio amoroso que había existido.

Su situación cambió a partir de aquel acontecimiento. Alejandro comenzó a estudiar en la Escuela Normal, sin clero ni marginaciones por carencias obvias de vestuario, libros, medio de transporte, etc. Asistía a clase por la tarde, es decir, que engulliría

---

[32] **naufragó en su nombre:** figuradamente, se olvidó de todo por ella.
[33] **desmesurada:** sin medida, que no es proporcional a la causa.

todos los días garbanzos casi crudos y saldría corriendo con la comida sin digerir. Ello le acarrearía crónicos problemas digestivos. Insistentes vómitos, estreñimientos o diarreas y dolores de cabeza no lograron que su madre adelantara el tiempo de las preparaciones culinarias, pues seguía durmiendo hasta tan avanzada la mañana que casi se levantaba por la tarde. Mientras, Alejandro enfermaba por sus garbanzadas[34] y por causa del desamor de su compañera. Realmente, Stella también sufrió lo suyo, aunque de manera más civilizada, pues, como parece evidente, Alejandro era un desequilibrado emocional, un famélico de amor[35]. La familia arropó a Stella para facilitarle el olvido. A Alejandro, la suya le condenó para aumentar su asfixia.

María también hacía sus pinitos, aunque eran más científico-sexuales que afectivos y jugaba con los chicos del barrio a enseñar sus apreciadas cositas[36]. Sin embargo, esta conducta preocupó o molestó menos a sus padres que la de Alejandro. Entonces, no era evidente aún que María sentía más con la piel, con el cuerpo entero, mientras que Alejandro naufragaba en un erotismo espiritual de tal intensidad que asustaba a propios y extraños, pues traspasaba la carne y hacía arder el cerebro. Para los padres fueron años agitados y confusos. No tenían demasiada experiencia en estos asuntos y no contaban con nadie de confianza –hermanos, padres, amigos– con quienes hablarlo; como en todas las otras cuestiones, estaban solos en la educación de sus vástagos[37].

---

[34] **garbanzadas:** peyorativamente, comidas con garbanzos no muy bien preparadas. [35] **famélico de amor:** hambriento de afecto. [36] **cositas:** figuradamente, órganos sexuales. [37] **vástagos:** hijos.

La Pastelería de Carlos, antes tan prometedora económicamente, empezaba a languidecer por causa de otro tipo de competencia y éste probó con distintos negocios entre los que incorporó la cría masiva de pollos para el consumo. Compró y construyó criaderos y, llevado por esta nueva aventura, abandonó la Confitería, los banquetes y, probablemente, lo último de dulce que le quedaba; en el mismo local abrió una Veterinaria avícola.

Obviamente, toda la familia volvió a revolucionarse. En la parcela colindante a la casa, instaló un pequeño criadero para experimentar, proximidad que afectó a Alejandro pues el constante polvillo de piensos y plumas le generó una alergia que aún conserva. Pero la venta de pollos y huevos estaba en alza y fueron tiempos buenos para los ingresos familiares aunque, para variar, no mejoraron la calidad de vida del grupo sino todo lo contrario. Como se va viendo, la emigración, a veces, se convierte en una enfermedad, en una forma de agonía y no de vida mejor. Carlos ganó mucho y gastó poco, pero perdió su fortuna en inflaciones y desvalorizaciones.

Para entonces, Alejandro llevaba dos meses de Universidad y María comenzaba sus intentos de ingreso. Algo es algo, ninguno de los progenitores cuestionó, más bien alentó, los estudios superiores. Alejandro estudiaría Filología Hispánica y su hermana Agronomía, con lo que se evidenciaba, nuevamente, el carácter de las metas de cada uno. Alejandro ansiaba leer y escribir con más gusto y conocimiento, María buscaba un buen trabajo. El novio, semioficial a regañadientes de María, hacía una carrera de periodismo; la chica de Alejandro era una profesora de la Normal, quince años mayor que él y que permanecía en la clandestinidad familiar. Los días de fiesta, los hermanos salían juntos de casa y así regresaban, pero entre tanto cada uno se dedicaba a sus propios entretenimientos. De estas relaciones, ninguno de los dos sacó más que dolor. Ambas parejas perdieron interés, con lo que las angustias se sumaron. Alejandro se atrasó varios cursos, pero María, al poco tiempo, encontró otro novio que más tarde sería su marido. De las lágrimas de Alejandro brotó algún poema que no conserva y otros que publicó en el diario local, como el dedicado a Bahía Blanca y en el que ciertos versos decían:

...te miro cuando eres toda luz,
te engalanas centelleante y luminosa
¿ a qué buscarte grietas ?...

6. *Amores y desamores*

Alejandro no levantó cabeza en tres años, María introdujo en casa a su futuro esposo, obviamente español, e inició su ajuar. Carlos cada día se enfrentaba más a su hijo, no entendía su nueva apatía ante el estudio, su falta total de apetito, sus actuales amistades marginales. Por entonces, dejó por centésima vez de fumar después de años de reproches y guerra declarada de Isabel, si bien ésta también iba dejando de ser la que había sido, cada día más reducida a economizar, aunque el que ahorraba era Carlos, pues únicamente él tenía a su nombre las cuentas bancarias y conocía sus inversiones. Ella continuaba destejiendo y tejiendo el mismo jersey repetidamente, cual Penélope miserable y mecánica. Tampoco su marido iba a mejor, pues descuidaba la apariencia y se pasaba las horas criticando amargamente todo lo criollo[38].

Al fin, Alejandro empezó a dejarse querer por una estudiante que reiniciaba los estudios, pero estaba casada y la situación se le fue de las manos. Ella pidió el divorcio con una facilidad que sorprendió a Alejandro y lo comprometió para el resto, tanto que fue él quien pagó los gastos del mismo con lo que sacaba de impartir clases particulares y quien recibió los reproches de todos los allegados de su nueva pareja. En consecuencia, le repudiaron los compañeros, su familia le acusó de romper hogares y dejó de hablarse por años con su hermana, siempre tradicional. El enfrentamiento con su padre fue tan rotundo que tuvo que marcharse de casa, y lo hizo sin nada, se llevó lo puesto[39]. Atrás quedaban sus escasas ropas, sus libros, sus discos, su hogar. El trabajo que tenía no le permitía muchos dispendios, de manera que se fue a vivir con los dos únicos amigos que le apoyaban, mientras su pareja, Pilar, se reacomodaba en el hogar paterno. En ese momento no podía saberlo, pero esta relación duraría veinte años para su desgracia, basándose en mucho cariño, rutinas compartidas y esfuerzos mutuos, sabiendo Alejandro durante todo ese periodo que él no la amaba, que su corazón necesitaba otros rumbos.

María se casó con Gustavo y tuvo tres hijos, consiguió un puesto en la Universidad en la que había estudiado, luego compraría y amueblaría varias casas y más tarde comprobaría que la felicidad conyugal no lo es todo, que la propia familia y el trabajo no resulta suficiente, pero ahora se siente realizada, sobre

---
[38] **criollo:** peculiar de Hispanoamérica, en este caso de Argentina.
[39] **se llevó lo puesto:** se fue sin llevarse nada.

todo cuando se compara con su hermano, a la vez que con los nietos realiza a los abuelos, quienes son más dichosos como tales de lo que lo fueron nunca en su papel de padres. El negocio avícola se vino abajo pronto, Carlos lo mantuvo mientras pudo, compaginándolo con la Veterinaria, pero al final claudicó. Un accidente de coche le había fracturado la cadera y la rodilla y las secuelas se dejaban notar, pues cojeaba y sufría dolores constantes. En la Argentina se imponía la dictadura militar y la gente desaparecía como en un proceso de evaporación[40]. Alejandro, comprometido más social que políticamente, consiguió una beca para realizar el doctorado en Madrid y, no sin dificultades, trasladó allí su residencia. Pilar viajó a París, donde trabajaba una hermana que le ofreció casa y comida, mientras él se acomodaba a su vida madrileña. Al año se reencontraron, empezaron a trabajar, alquilaron un apartamento minúsculo, que luego comprarían, y continuaron su convivencia juntos, quizá un poco más tristes. Alejandro se sentía exiliado en su patria y ahora completamente solo. No obstante, inicialmente, a este retorno se reduciría el regreso triunfal de la familia. Carlos e Isabel nunca volverían a un país tan idealizado que era irreal, por el que habían dejado de vivir buena parte de su existencia, si bien los nietos lo encontrarían fantástico; únicamente Carlos cargaría ese fardo[41] como una condena.

---

[40] **proceso de evaporación:** desaparecer sin dejar rastro. [41] **ese fardo:** ese peso, esa pena.

Capítulo II
ALEJANDRO

1. Los primeros recuerdos: el paraíso infantil

Las primeras cosas que recuerda de su vida se sitúan en un extenso jardín repleto de flores y frutales, con dos perros juguetones y sumisos[42] que se le ponían como almohada cuando se recostaba sobre la tierra caliente, una madre tierna aunque brusca y un padre afectuoso y paciente, si bien algo riguroso. También conserva en la memoria una madrugada de Reyes en casa de la abuela Carmen, excitante y feliz. Él había dormido mal por los nervios y se despertó muy temprano. Cuando se puso de pie sobre la cama, contempló los que le parecieron millones de juguetes, de los cuales sólo tenía que compartir unos pocos con su hermana, todavía casi bebé. Tenía cuatro años y la vida únicamente le había regalado placer.

Era el primer nieto en la familia de su madre y en la de su padre, el único –María aún no contaba– y todos se ocupaban de él como si fuera el niño Jesús. Robusto, listo, hermoso, su fuerte personalidad atraía a los adultos. Con trece meses se comió doce pláta-

---

[42] **sumisos:** dóciles, obedientes.

nos, anunciando que sería un tragón toda la vida de ésta y otras maneras, pues al darle la comida había que alimentarle con dos cucharas para que no hiciera un escándalo entre una y otra.

Aprendió a leer en los carteles de la calle y algo que le desagradaba sobremanera era que le besuconearan[43] la cara, dejándole húmedas las mejillas que se limpiaba con la manga de la camisa. Su abuela sostenía que no era un niño normal, que era superdotado[44] y angelical[45]. Los padres consideraban que su temperamento era fuerte, aunque para el resto de la familia pasaba por tranquilo, si bien la realidad resultaba más compleja. Probablemente poseía talento y era reposado cuando se le dejaba hacer lo que quería, pero fácilmente se enfadaba si se le contradecía o intentaba manipular. La mujer de su tío Rafael no olvidará nunca el escándalo que montó en el Parque del Retiro, cuando le quiso sacar por una puerta distinta a la del barquillero a quien, según la promesa realizada a la entrada, se le comprarían las golosinas a la salida.

—Me has mentido —gritaba como un energúmeno[46], mientras se sujetaba a un árbol para impedir que lo arrastrasen en dirección contraria a la de sus barquillos.

Ni de pequeño, ni de mayor, Alejandro supo pasar desapercibido[47]. Era dulce, encantador, apasionado y se ponía furioso con facilidad, más con quien amaba que con los que le resultaban indiferentes. Ya desde niño sintió adoración por su abuela, senti-

---

[43] **besuconearan:** uso despectivo de besar. [44] **superdotado:** con inteligencia superior a lo habitual. [45] **angelical:** de aspecto muy agradable, que parece un ángel. [46] **gritar como un energúmeno:** gritar sin control.
[47] **pasar desapercibido:** no hacerse notar ante los demás.

miento que era mutuo y excluía a cualquier otro ser humano cuando ellos estaban juntos.

2. El exilio americano

Aún hoy, recuerda lo bien que se sentía consigo mismo y con el mundo. Su hermana era debilucha[48] y no muy guapa, además de un poco torpe, lo que dirigía la mayoría de las simpatías familiares hacia él. El secuestro legal ejecutado por su padre para llevarlos a la Argentina cambiaría este panorama. Dejó de ser el centro del universo, en realidad desapareció de cualquier círculo, perdió los mimos incondicionales de Carmen y pasó a subsistir pobremente hasta en las noches de Reyes. Su carácter cambió, dejó de ser el niño feliz de antes, su sensibilidad se agudizó, quizá, de manera patológica. Su biografía de pérdidas y despojamientos había comenzado y, en ella, la felicidad sería rara y costosa, nunca completa.

Le quedan vagas ideas del puerto en el que embarcó con su madre y hermana, del viaje marino, del encuentro con su padre, de la incomodidad de la casa bahiense[49], de las heridas eternas que los malos zapatos abrieron en sus pies, del viento huracanado de la ciudad... Su madre pasó a ser una mujer distinta, histérica, enferma, continuamente adormilada y un tanto desordenada. Su padre era otro desde hacía tiempo, un señor al que casi no se le veía en casa ni los domingos. También su hermana llegó a resultarle extraña. Dormían juntos porque sólo tenían una cama, aunque había en la habitación-dormitorio-comedor-salón-estu-

---

[48] **debilucha:** débil, con matiz despectivo.   [49] **casa bahiense:** la casa de Bahía Blanca.

dio un sofá que se podía extender como tal, pero que no sabe por qué nunca se usaba.

María se orinaba todas las noches, lo que daba cuenta de[50] un desequilibrio emocional que nadie atendió, pero además, prácticamente, no comía nada ya que por aquel tiempo le resultaba repugnante el luego exquisito sabor de la carne y el de los purés de guisantes diarios; aquella pasta verde le parecía un veneno. Sus padres no consideraron la posibilidad de cambiarle la dieta, sino la de llenarle insistentemente la boca de aquello que le provocaba náuseas. Alejandro quería a su hermana, a la que cuidaba cuanto podía porque suponía más débil, si bien los años transformarían esa situación y ese sentimiento, que regresaría al final cuando ya fue inútil. En aquella casucha cuando hacía frío todos se helaban y cuando hacía calor se freían, tenía los tejados de chapa, por eso también se oía la lluvia como si fuera el sonido de un magnífico tambor.

3. *La vida en Argentina*

Los paseos a la plaza Ribadavia para que jugaran con otros niños, las lecturas antes de dormirse de su madre, los embutidos del tío y algunos otros milagros escasos constituyen el paquete de dichas de aquellos años. Por entonces, Alejandro aprendería a escaparse por los vericuetos de la fantasía[51] y María a pisar tierra firme, cada vez con mayor sentido práctico. Había que sobrevivir y cada uno hizo lo que pudo a su manera.

---

[50] **daba cuenta de:** equivalente a «revelaba» o «indicaba». [51] **por los vericuetos de la fantasía:** en sentido metafórico, a través de la imaginación.

Alejandro dedicaba horas a organizar mentalmente caravanas al oeste, influjo[52] de las películas que veía gratis: contabilizaba número de carretas, cubas de agua, listas de alimentos, tipos de ropa, armas y municiones, exigencias de personal, etc., etc., ello en función de cierta meta que debía alcanzarse a través de una geografía difícil, la cual incluía indios malvados, enfermedades y demás peligros. Se pasaba las horas de la siesta en esta faena inacabable, pues luego venía la ruta, los peligros previsibles y los imprevistos, la escasez y demás penalidades que dificultaban la conquista del nuevo territorio. En otras ocasiones, organizaba diferentes expediciones, pero su afán heroico siempre le mantenía luchando contra la adversidad y las maldades. Más que nada, estos sueños de vigilia le conformarían una personalidad austera[53] que le hacía concebir que todo se puede alcanzar con el esfuerzo personal. Cuando se dio cuenta de su error ya resultó tarde y no le quedaba tiempo ni energías para cambiar de conducta. Con ocho, nueve, diez años era generoso, introvertido y melancólico, también prematuramente justiciero y enamoradizo. Por eso, cuando la monja de turno castigaba a sus amigas, él se quedaba después de clase para cumplir las penitencias[54] en su lugar; sus protegidas lo adoraban y él las incluía como heroínas[55] de sus psiconovelas[56].

4. La terrible enfermedad

Un verano empezó a sentir que se le dormía el brazo derecho y la pierna del mismo lado, le dolían al

---

[52] **influjo:** influencia.   [53] **austera:** que evita excesos, sobria, sencilla.
[54] **penitencias:** castigos.   [55] **heroínas:** mujeres protagonistas que hacen cosas destacadas.   [56] **psiconovelas:** tipo de novela centrada principalmente en cómo son psicológicamente los personajes, su carácter, lo que hacen...

realizar cualquier movimiento. Progresivamente notó que el malestar se le repartía por todo el cuerpo. Salvo el sarampión años antes, no había padecido ninguna enfermedad. Sus padres reaccionaron estúpidamente pegándole por ello, pues creyeron que todo se le caía, incluso él mismo, por falta de atención, hasta que a regañadientes[55] lo llevaron al médico. Las fiebres reumáticas ya diagnosticadas, el mal de Corea y la lesión cardíaca después comprobados, desaconsejaban un viaje largo en barco como el que tenían programado, pero los proyectos no se alteraron y, probablemente, eso le salvó la vida. En España, su abuela Carmen y su tío Rafael cogieron las riendas[58] de la situación, llevaron al muchacho a los mejores médicos, pagaron la cortisona que había que traer de USA[59] e, incluso, acondicionaron una alcoba para el enfermero que debía inyectársela cada tres horas.

Alejandro aulló de sufrimiento en la enfermería de tercera del trasatlántico. Luchó contra las inyecciones por principio pues le habían engañado innecesariamente, ya que él era un hombre hecho y derecho, y soportó seis meses de cama con la prohibición expresa de levantarse para nada, ni siquiera para ir al lavabo, al que era transportado en brazos.

Todos creían que se moría, su abuela hizo promesas que luego no se cumplieron, como la de vestir el hábito de nazareno, tías y tíos se turnaban para estar a su cabecera, mientras a los primos, prácticamente desconocidos, no les dejaban acercarse para que no le fatigaran. Poco a poco comenzó a mejorar

---

[57] **a regañadientes:** protestando, poniendo resistencias, sin convicción.
[58] **cogieron las riendas:** tomaron la iniciativa. [59] **USA:** siglas que corresponden a Estados Unidos de Norteamérica.

y a engordar. Aunque comía sin sal, le encantaban las patatas fritas que le preparaba su abuelo paterno, cocinero profesional. Faltó al colegio dos años, pero leía como un obseso[60]. Seguía organizando caravanas mentales cada vez más complejas y arriesgadas y fantaseaba un romance intenso con su prima Esmeralda.

5. El primer amor

Esmeralda era adoptada, por lo que él veía factible[61] un futuro matrimonio, y no era la hija de unos tíos directos sino de la hermana de la abuela paterna, por eso tenía nueve años más. A Alejandro le parecía bellísima y sabia, sobre todo cuando demostró conocer el número de patas de los insectos y el tipo de constitución de sus ojos. Sobre sus hombros caía una cabellera larga y rizada, color caoba, y encantaba a Alejandro contándole sucesos del instituto. Se le reconocían menos derechos que al resto porque era de otra sangre, según susurraba la abuela Dolores.

Alejandro tramaba diferentes ardides para que sus visitas se prolongaran, se repitiesen, se intensificaran y se llevaran a cabo en la intimidad. Obviamente[62], lo consiguió a medias, si bien al tercer año, en el que casi recuperado volvió a la escuela, logró incluirla en las prácticas de esgrima realizadas para el fortalecimiento de su brazo. Una tarde, consiguió que se recostara con él para dormir la siesta y así pudo contemplarle la espalda desnuda y, en un descuido, el pecho; esa fue su primera experiencia erótica, la cual le dejó un

---

[60] **leía como un obseso:** leía continuamente. [61] **factible:** posible.
[62] **obviamente:** por supuesto.

sabor agridulce en la boca y cierta humedad en el sexo.

Le matricularon en un Colegio Público cerca del Viaducto, allí demostró sus capacidades plásticas, pintando corceles salvajes a la velocidad de su galope. El profesor quedó asombrado ante tanta pericia[63], Alejandro también. En el tiempo que sus compañeros borroneaban cualquier tontería, él realizaba magníficos dibujos. Sólo el rostro humano se le resistió, aunque ello le unió aún más a su tío, el pintor, quien pretendió inútilmente desarrollar tales destrezas. Alejandro era muy bueno también en Matemáticas y en Ciencias, pero mediocre en Historia, le gustaba pero tenía mala memoria para fechas y nombres, y resultó pésimo en Gramática, a pesar de que ya escribía destacables textos poéticos.

Un traslado de casa le significó cambio de colegio. Su abuela Carmen lo matriculó en un Centro Privado caro y cursi[64]. Únicamente una profesora valía la pena, se subía a los árboles en las excursiones y le quitaba importancia al desconocimiento del francés. Alejandro no destacó en nada, se sentía un marciano[65] entre aquellos púberes[66] tan estirados. Antes de tener confeccionado el uniforme a la estricta medida, dejó tan aristocrática institución para pasar a una escuela más humilde. Tampoco en ésta demostró capacidades especiales, Alejandro se defendía en todas las asignaturas, pero no se esforzaba en sus tareas, pues le dedicaba la mayor parte de su tiempo a la lectura personal, deglutía[67] obras que seleccio-

---

[63] **pericia:** habilidad, destreza.   [64] **cursi:** ñoño, falsamente elegante.
[65] **se sentía un marciano:** se sentía raro, distinto.   [66] **púberes:** adolescentes.   [67] **deglutía:** en sentido figurado, leer sin parar, como si se tragara los libros.

naba a su antojo la mayor parte de las veces, otras llegaban a sus manos por puro azar. Poseía una colección considerable de tebeos, novelas y biografías; ningún libro de poemas. La no convivencia con Esmeralda a causa de la distancia, enfrió su relación que no su amor, el cual duró bastantes años pues se lo llevó intacto a Bahía Blanca.

6. *Regreso al infierno*

Curado y en el hogar de su abuela volvió a sentir que estaba en el paraíso, sus gustos se satisfacían, su ropa era nueva y elegante y le llevaban al cine, al teatro, al circo, al zoológico, al parque de atracciones aunque había que pagar las entradas. Pero toda esa gloria se cayó otra vez cuando hubo que regresar, aunque ahora resultaba mucho peor, pues tenía otra edad, otra conciencia de las cosas y distintas necesidades. Sólo retornar a aquella casa le resultó insoportable, al mismo colegio, al cocido diario, al calzado chino[68], al desasosiego de su hermana, al asma de su madre y al permanente cabreo de su padre. Ya ni la mente le proveía de recursos suficientes para evadirse de esa realidad y soportar aquello.

Su padre había perdido esmero y vestía con descuido notable, Isabel trabajaba como una burra[69] queriendo pagar no se sabe qué pecados, ambos discutían a gritos e, incluso alguna vez, llegaron a pegarse. Alejandro no había vivido nunca antes situaciones semejantes, por lo general defendía a su madre porque la sentía más débil, pero con el tiempo permitió

---
[68] **calzado chino:** calzado apretado, calzado que le producía dolor de pies.
[69] **trabajaba como una burra:** trabajaba sin parar, de manera inhumana.

que se las arreglaran por su cuenta, pues le llegaron a dar igual. A su hermana le iba fatal en el colegio y a él en la salud.

Y contra todo pronóstico, Alejandro encontró otro amor infinito. Se llamaba Stella y no era muy guapa ni demasiado simpática, pero con él fue un ángel de la guarda, le cogía la mano en clase por debajo del pupitre, dejaba que se copiara los deberes, le repetía con dulzura de niña: te quiero –tenía trece años–, le buscaba la boca con besos iniciales pero ardorosos y se escondía con él en cualquier parte para abrazarle y acariciarle.

Tanto amor y desamor a la vez, probablemente, enloquecieron a Alejandro que se puso a escribir como un poseso[70] cartas de enamorado, mensajes en los que nombraba deseos que no saciaban pero sí soñaban. Se las enviaba entre libros, dentro de carpetas y plumieres[71], se las dejaba en lugares secretos previamente convenidos, todo a escondidas porque las monjas vigilaban.

Cuando se descubrió que se querían, lo expulsaron del colegio pues se declaró culpable único –¿culpable de qué?– de tan depravada[72] conducta. La familia de ella reaccionó como ante una violación, la de él lo golpeó hasta dejarlo destrozado. Ante tanta crueldad, Alejandro relacionaría siempre el amor con el pecado, el desgarramiento y la tragedia. Quizá su padre le castigó sin piedad como venganza por tantos reproches silenciosos que su hijo ya le hacía, por tantas responsabilidades de las que no le eximía[73].

---

[70] **como un poseso:** sin parar, sin control personal. [71] **plumieres:** estuches para los lápices. [72] **depravada:** malvada, inmoral. [73] **eximía:** libraba, quitaba responsabilidades.

7. Los amores adultos

Nuevamente cambió de centro escolar, esta vez entró en la Escuela Normal para hacer Magisterio. No le gustaba la idea de ser maestro, pero sus padres decidieron que era mejor contar con un título lo antes posible. Todavía quería a Esmeralda, ahora amaba a Stella, a la que se encontró varias veces pero con quien no logró reiniciar ninguna conversación.

En la Normal, Alejandro volvió a destacar, dirigió y editó un periódico estudiantil que se consideró modélico y se quedó prendado[74] de una profesora quince años mayor que él. Ésta fue una relación dolorosa desde el principio y hasta su conclusión. Mirta había tenido una mala experiencia y, a pesar del afecto que sentía, por miedo no se comprometió del todo. Él perdió la chaveta[75] y cuando, tres años después, rompieron quedó aniquilado[76] durante mucho tiempo.

Evidentemente su vida sentimental era rica y tortuosa, así lo fue hasta el final de sus días, también los avatares con la casada Pilar tuvieron esa característica, aunque la relación duró veinte años.

Pero Alejandro tuvo, a lo largo de esa prolongada vida de pareja, otras múltiples relaciones de las que obtenía las vitaminas amorosas necesarias. Inicialmente mantuvo el amor maternal de Amanda, antigua compañera de Mirta y de su misma edad, sus cuidados y aportaciones económicas le resultaron fundamentales para sobrevivir una vez abandonada su casa. Luego, apareció Minerva, joven preciosísima, atrevida, sensual, entregada e independiente. Convivía con un compañero al que despreciaba y en cuanto

---

[74] **se quedó prendado:** se enamoró. [75] **perdió la chaveta:** se volvió loco. [76] **aniquilado:** destrozado.

conoció a Alejandro lo abandonó para poner casa propia en la que recibía a éste como a agua bendita[77]. Aparte de los de la infancia, ésos fueron los cuatro mejores años de su existencia. Ella le hacía percibir que era un hombre importante además de afortunado, deseado, complacido, respetado, admirado. Se sentía pleno como las montañas, como los ríos, como las estrellas... Comía y dormía con Pilar y organizaba con ella su vida profesional –ejercían los dos como profesores universitarios–, pero gozaba con Minerva, reía con ella en la cama, en la calle, en los viajes, en la concreción maravillosa de cada minuto. Que esta relación acabara, le costó la salud física y mental, pues cayó en una depresión de la que nunca saldría del todo.

8. Otra vez España

Regresó a España, escapando de posibles problemas con los militares en la Argentina de la dictadura. Los milicos[78] habían arrasado su hogar en Bahía Blanca, habían acribillado a sus perros, pero en su país estaba solo y vacío y así siguió cuando logró traerse a Pilar, desesperado porque todo era agonía y angustia. Su prima Beatriz, una niña de dieciséis años, le perseguía para consolarle. Tanto le siguió y le consoló que lo conquistó y Alejandro volvió a empezar un romance, que, por supuesto como otros, siempre estuvo condenado al fracaso. Beatriz puso todo su amor de adolescente, le adoraba y vivía para él. Alejandro se dejaba querer pero su prima no le hacía vibrar como Minerva, él continuaba languideciendo por el laberinto de una pena inconsolable. Disimulaba

---

[77] **como a agua bendita:** como si fuera sagrado.   [78] **milicos:** de forma despectiva, militares.

ante Pilar y con el tiempo empezó a disimular ante Beatriz, al fin terminó disimulando ante sí mismo. Cuando ya creía que no sufría de tristeza crónica, debió trasladarse un año a Granada por cuestiones profesionales y allí, sin saber cómo, se abrasó en las llamas de Esperanza, una compañera del trabajo. Ella dejaría a su marido –segunda experiencia de este tipo para Alejandro– e, incluso, a sus hijos y se marcharía al concluir el curso con él a Madrid. Alejandro disfrutó y sufrió entonces una especie de harén con Pilar, Beatriz y Esperanza, dando y demandando[79].

La convivencia con Esperanza resultó infernal, nunca Alejandro había imaginado la posibilidad de tanto horror y sadismo mutuo. Se desollaron, se destrozaron, se devoraron, se animalizaron y se mataron, pero gozaron su pasión como nadie. Fue la relación más sexualizada[80] de cuantas tuvo, ella le enseñó los recovecos de su cuerpo, los pliegues de su alma, los puntos de placer y de dolor. Se pasaban horas haciendo el amor de cien mil maneras, el fuego de su deseo les enriquecía la creatividad. Ella le exigía que dejara a Pilar, de Beatriz no conocía la existencia. Alejandro se negó rotundamente porque defendía el lejano compromiso adquirido. El derrumbe llegó como en las ocasiones anteriores, resultó catastrófico pero, milagrosamente para Alejandro y fuera de su costumbre, la pena duró poco. Al tiempo, Pilar, enterada de todo, abandonó a Alejandro. Otra etapa se abriría para él, una de amor completo y profundo, de confianza total, de fidelidad compartida, pues comenzó un amor que no requería justificaciones ni esfuerzos, al fin sería feliz.

---

[79] **demandando:** pidiendo con exigencia.   [80] **sexualizada:** llena de experiencias y contenidos sexuales.

Capítulo III
ISABEL Y CARLOS

1. *Los recuerdos*

Ella apenas recuerda su infancia, pero sí mantiene imágenes y escenas grabadas en la memoria de la adolescencia durante la Guerra Civil. Su familia no lo pasó mal del todo, a pesar de residir en Madrid, la ciudad cercada y bombardeada por excelencia. Su padre era propietario de varios camiones de transporte y, hasta que se los requisó[81] el ejército, entraba y salía con salvoconducto[82], pudiendo comprar comida, jabón y algunas otras cosas imprescindibles. Isabel recuerda que durante varias semanas tuvieron colgado, detrás de la puerta de la cocina, un burrito joven, ahumado para que se conservara, del que cortaban la carne necesaria para cada día.

La guerra le impidió estudiar música como cree que le hubiera gustado, pero en realidad no sería capaz de afirmarlo, pues no le atrae estudiar. Su placer radica en realizar las tareas domésticas. No es que nadie se lo imponga sino que lo disfruta realmente. Quizá se deba a que es la mayor de cuatro

---

[81] **requisó:** se los quitó para uso militar. [82] **salvoconducto:** documento que permite transitar sin riesgo por zonas prohibidas.

hermanos, dos chicas más y un varón, que es el más pequeño y consentido. Pero Isabel se lleva bien con ellos, los cuida y controla con rigor materno, también tiene buena relación con sus padres.

Carmen, su madre, es una persona delicada de salud y demasiado trabajadora para su estado. Lleva sobre sus hombros la carga de la casa y del negocio familiar, pues su marido, Felipe, es excesivamente buenazo[83] para cobrar deudas y muy despreocupado para apuntarlas. Los dos salen a las seis de la mañana todos los días laborables de la semana, para llegar temprano al mercado central y cargar la fruta y verdura encargada, la que repartirán más tarde por distintos barrios de la capital. Regresan tarde a casa, pero a tiempo de que Carmen haga la comida para la familia. Isabel sabe que, salvo en la guerra, en su casa siempre se ha comido de lo mejor y que a lo largo de ella no pasaron hambre, algo que sí padecieron muchos otros, por no decir la mayoría.

Durante los bombardeos, una de sus hermanas perdía el control, aterrada por el rugido de las bombas, las sirenas, las explosiones y los fuegos que se veían no tan lejos. Entonces, los otros intentaban calmarla, aunque era en vano. Isabel recuerda el sufrimiento y el pánico propio y ajeno como quien visualiza una película vieja. No le resulta fácil creer que ella estuvo dentro de una situación tan cruel e inhumana. Vio pocos muertos, pero no puede olvidarse de uno tirado en la calle, al que ciertos soldados le metieron un cactus en la boca mientras le seguían apaleando siendo ya cadáver. No obstante, las

---

[83] **buenazo:** persona pacífica y con sentimientos nobles.

injustificables acciones de la contienda[84] no concluyeron con ella. A mucha gente después se le quitó su casa, sus bienes, su dignidad, su libertad y hasta la vida. Pero aquello pasó y ella sobrevivió a tanta destrucción. Ahora no sabe si algunos de sus problemas nerviosos o de carácter derivan de tales experiencias.

2. La boda

Pero a Isabel le quedó esperanza, por eso al poco tiempo de terminar la lucha y sin demasiadas posesiones decidió casarse con Carlos. Él era el hombre más apuesto de cuantos conocía y hasta sus hermanas envidiaban tal novio, su corrección, su capacidad de trabajo, su empeño en casarse y tener hijos enseguida. Ella era la primogénita y no tenía traumas familiares, Carlos el del medio, y la mayor parte de las cuestiones filiales le dolían por injustas. Pedro, su hermano mayor, estaba distante de sus juegos y demandas[85]: varios años en el ejército de Marruecos le prestaban una aureola[86] de autoridad y lejanía. El segundo era Rafael, por el que se realizaron los esfuerzos mayores. Los dos habían querido asistir a las clases de Bellas Artes, pero las escaseces[87] exigieron que sólo fuera uno y el elegido no resultó Carlos. Además, la delicada salud de aquél y la buena de él, dirigían las atenciones de sus padres hacia Rafael, situación que a Carlos siempre le dolió aunque nunca dijera nada. Otro le seguía en edad y probablemente sentía vivencias equivalentes, pero ante

---
[84] **contienda:** guerra.   [85] **demandas:** peticiones.   [86] **aureola:** fama, prestigio.   [87] **escaseces:** carencias materiales, penurias económicas.

el siguiente, el más pequeño de todos los hermanos. Este último, futuro padre de Beatriz, simpático, guapo y listo, hacía lo que deseaba con el resto; su vitalidad y fortaleza no presagiaban que sería el segundo en fallecer, después de Rafael. La boda de Carlos e Isabel semejaba una comunión de adolescentes, pues no sólo eran muy jóvenes sino que incluso parecía que lo fueran aún más. Los padres de ella tuvieron que acompañarlos al hotel para que les permitieran pasar allí la noche. Carlos dejó de fumar por ella, Isabel aceptó ir a vivir a una casucha desvencijada[88] de enorme jardín, lleno de bichos y necesitado de demasiados cuidados, pero eran felices, niños dichosos que juegan a marido y mujer. Pasaron dos años antes de que naciera Alejandro, cuatro para dar a luz a María y seis para marcharse, equivocadamente, a la Argentina. Luego tendrían casi toda la vida para no regresar y añorar.

3. La decepción y los cambios

Con el paso del tiempo aparecería el rencor de Carlos y la depresión crónica de ella, el abandono de los proyectos, la pérdida de los seres queridos, el distanciamiento de los vivos. Isabel sufrió desde que dejó España, con conciencia de ello y sin darse cuenta de lo que le pasaba. Asumió como supervivencia un sopor que la mantenía adormilada[89], a pesar de los esfuerzos para interesarse por algo. No le gustaba cocinar, siempre hacía lo mismo, no se ocupaba

---

[88] **desvencijada:** en mal estado. [89] **adormilada:** con sensación de sueño, de ganas de dormir.

de llevar a sus hijos bien vestidos ni a ella misma y únicamente creyó revivir cuando logró que Carlos le permitiera realizar un viaje de regreso para ver a los suyos. Sin embargo, todo se complicó con la enfermedad de Alejandro que al principio parecía trivial y terminó en una cuestión de vida o muerte. Ella no conocía ese nuevo dolor de presenciar cómo un hijo se va debilitando hasta sus últimas fuerzas y por eso volvió a preferir –no fue elegir porque no supo cómo optar– la huida. Se lo confió a su madre y a su cuñado y se dedicó a olvidar, saliendo con antiguos amigos. Volvía a casa con ojeras y miedo por lo que podía haber sucedido y le resultaba imposible de admitir. Pero su hijo se curó y ella no.

Los años de aventuras banales y placeres propios de gente de su edad pasaron rápido y tuvo que regresar al fin del mundo, a un lugar que la tragaba y a un esposo que ya no conocía. Carlos debió pasar por algo equivalente, pero él aprendió a ocuparse sólo de sí mismo o prioritariamente de sí mismo, ni hijos ni esposa volverían a llenar el espacio perdido. Su carácter había cambiado, ahora era una persona iracunda, egoísta, narcisista[90] y hasta cruel.

Isabel atendía a sus hijos como una excelente nodriza[91], pero le faltaba la cercanía que aporta la manifestación del cariño, ella expresaba cuanto podía su preocupación por alimentarlos, lavarlos, acostarlos..., pero no sabía encauzar el afecto de manera que se notara su calor. Por eso los hijos crecieron inicialmente buscando caricias y deseando los mimos del padre, mucho más hábil en la empresa de querer y demostrarlo. Alejandro absorbió los sentimientos de todos, con su encanto y ocurrencias;

---

[90] **narcisista:** pendiente de sí mismo.   [91] **nodriza:** niñera, ama de cría.

María se acurrucaba en el de su hermano. Los padres eran aún más hijos que progenitores, por eso cualquier rato libre se pasaba en casa de unos abuelos u otros. Para Isabel resultaba un alivio y una alegría reencontrarse con los suyos, pues las obligaciones como ama de casa la devoraban[92]. Sin embargo, empezó a sufrir el cambio de estatus ante ellos; su madre que siempre la había preferido, ahora la trataba como si ya no formara parte del núcleo central, sino de anillos externos. Lo notaba en los regalos y en las preocupaciones, realidad que le producía ciertos celos.

La situación de Carlos era parecida, si bien menos marcada por cuanto él siempre había estado un poco al margen de las devociones maternas. Por eso, quizá, su dedicación familiar era menor y más distante, aunque continuaba con su odio-amor a Rafael y su admiración por el evidente talento que poseía. Ante esto, dejó de dibujar y pintar, volcaba sus ansias en la jardinería. A él, la poco confortable casa en que habitaban le resultaba grata por el jardín, por la enorme higuera que tenía en el centro como si fuera un trono para las aves que devoraban sus brevas[93] ante el enfado de Isabel. Empezaba a conocer a una compañera, mucho más sensible y nerviosa de lo que había imaginado, que se dolía de las horas en soledad y de la pobreza con que debían subsistir a pesar de los dos trabajos de Carlos.

---

[92] **devoraban:** consumían, destruían.   [93] **brevas:** fruto de la higuera, mayor que el higo.

Capítulo IV
MARÍA

1. *La infancia*

¡Qué difícil le resultó su infancia, entre un padre ausente durante todo el día, una madre poco expresiva de afecto y un hermano supuestamente genial! De sus primeros años en España no recuerda nada, salvo las sesiones de rayos con las que le trataban una colitis[94] crónica que la tenía en los huesos[95]. Del viaje transoceánico[96], sus problemas en los ojos, provocados según dijo el médico de a bordo por los reflejos del mar; lo cierto es que todo el trayecto estuvo legañosa[97]. De los comienzos en Argentina, su desagrado ante la comida de allí, sobre todo ante la carne con un sabor insoportable para ella, su ingenuidad en el colegio donde se reveló como bastante mala estudiante y por eso la retrasaron un curso. Sólo en las tareas domésticas destacaba y se sentía cómoda. Planchaba mejor que su madre y hacía las camas de manera perfecta, algo que a su hermano le causaba envidia.

---

[94] **colitis:** diarrea, enfermedad del intestino. [95] **la tenía en los huesos:** la había hecho adelgazar mucho. [96] **transoceánico:** al otro lado del océano. [97] **legañosa:** con secreciones secas en el borde de los párpados y en el ángulo de los ojos.

Alejandro era un chico protector pero aburrido, se pasaba el día leyendo. Se sabía la biografía de más de cien personajes famosos. Científicos, artistas, escritores, políticos, etc., eran para él como un miembro más de la familia. A ella no le gustaba demasiado leer, pero sí jugar con otras niñas de su edad. En los juegos tampoco era fácil la relación con el hermano. Él era excesivamente ordenado y cuidadoso con sus juguetes y ella un tanto despreocupada, por lo que se le perdían o rompían, algo que a Alejandro le ponía furioso. No obstante, a veces se entretenían juntos, siempre que ella aceptara las condiciones de él.

A María le interesó su cuerpo mucho antes que a Alejandro y también el cuerpo de los otros niños y niñas del grupo. Por eso, en cierta ocasión su madre la sorprendió con la falda levantada, enseñando sus cositas a un corro de compañeros. Para ese entonces, su hermano mayor no debía haber constatado ninguna variante fisiológica en las suyas. Tal vez nunca lo hizo, ocupado permanentemente en cuestiones intelectuales y fantasiosas.

Ella era una buena ayuda para su madre en las tareas de la casa y en lo referente a la compañía. Cosían, limpiaban, bordaban juntas y escuchaban las mismas radionovelas: «Abandonados a su suerte» u otras semejantes. Un día la llevaron a la emisora para que viera cómo se emitían, los actores leían e interpretaban su papel cerca del micrófono y un señor en el centro realizaba los efectos especiales con cachivaches[98] varios: pisadas de caballos, ruido de puertas, tormentas, llenado de copas, etc. No le gustó porque desde ese momento perdió algo de

---

[98] **cachivaches:** objetos diversos.

magia. Su hermano, sin embargo, estaba entusiasmado y cuando escuchaba Tarzán, producía buena parte de tales sonidos con gran pericia.

Era una chica convencional y le gustaba serlo. Toda su ansia[99] se iría encaminando con los años al matrimonio y la maternidad. Ello ya se notaba en su entretenimiento con las muñecas, las cocinitas, los adornos, etc. Sólo muchos años después, sería consciente de que su infancia no había sido tan feliz y de ahí la explicación de sus incontinencias de orina, su falta de motivación escolar, su anhelo de formar familia propia.

Le costó superar los estudios primarios y secundarios, yendo siempre a remolque[100] a pesar de la ayuda de Alejandro, que le escribía las redacciones, le hacía los dibujos, le resolvía los problemas matemáticos y la controlaba para que realizara los deberes. Su hermano estudiaba muy poco pero se defendía bien, aunque en la escuela desconocían la mayor parte de sus capacidades. Pero para ella el colegio era un tormento que únicamente paliaba[101] el poder jugar con tantos amigos como allí tenía.

2. *La madurez y la muerte*

María creció fuerte a pesar de su delicada infancia. Mientras su hermano comenzaba a tener problemas de salud, ella se robustecía como un roble. Entró en la Universidad, eligiendo una carrera de Ciencias, aunque sus padres dijeron que era demasiado com-

---

[99] **ansia:** interés, deseo.   [100] **yendo siempre a remolque:** yendo atrasada, yendo empujada por algo o alguien.   [101] **paliaba:** suavizaba, hacía más fácil.

pleja para ella. Se echó novio para casarse como Dios manda, mientras Alejandro vivía y moría amores extremos que le mantenían en permanente tensión.

Comenzó a irle bien en los estudios, ante el asombro de propios y extraños[102], y cuando creyó necesario oficializar su noviazgo, Héctor le falló, primero planteó dudas, luego disconformidades y, por último, confirmó el deseo de una ruptura que María no esperaba pero asumió con entereza, si bien la dejó confundida y doliente. Por razones de la vida, conoció a los pocos meses a un muchacho español que cursaba ingeniería y vivía solo. Salió con él para distraerse e intentar olvidar y se distrajo y olvidó. Dos años después se casaría con Gustavo, y ello sin atender los tontos cuestionamientos de Alejandro que a partir de su boda se distanció de ella.

Inicialmente no lo echó de menos; estaba poniendo casa, organizando su vida como agrónoma y dando a luz a tres niños preciosos que la convirtieron de golpe en madre feliz, a pesar de no haber conseguido la niña. A partir de esos años, la vida de María parecía un camino directo hacia sus objetivos: la consolidación de su hogar y de su profesión. Tuvo toda la ayuda de sus padres, que le cuidaban a los niños y le atendían la casa, así como le hacían recados, mientras su hermano se establecía solo y/o excesivamente acompañado en Madrid.

Como culminación de su carrera, logró que se firmara un acuerdo con una Universidad española en la que impartiría un curso de dos meses todos los años en calidad de[103] profesora invitada. En este tiempo, empezó a pensar que la profesión era más

---

[102] **propios y extraños:** todos.   [103] **en calidad de:** como.

importante que la familia o que ésta ya era lo que debía ser y ella ahora no podía darle más de sí misma, por lo que se dedicó a su progreso y prestigio profesional. Pero tres años más tarde, una terrible enfermedad detuvo sus energías, paralizó proyectos y la reintegró, necesitada de afecto, totalmente a los suyos. Sus padres no entendieron lo que pasaba hasta que fue demasiado tarde. Alejandro se volcó con ella, pero resultó inútil. Entonces, primero un hijo y luego los otros y, por último, Gustavo regresaron a España, derrotados y perplejos, para ser siempre habitantes de dos mundos. Todos sabían, ahora, que habían perdido el eje aglutinador[104] de la familia, aquella que relativizaba todo con una sonrisa, incluso su muerte.

---

[104] **aglutinador:** que une, que facilita la interrelación.

EJERCICIOS ELABORADOS

Por
Mª del Prado Martín Prado

EMIGRANTES

A. COMPRENSIÓN DE LECTURA

A1. *Te presentamos una relación de características que describen a los cuatro personajes principales de la historia que has leído. Señala con una cruz, en la casilla adecuada, a cuál de estos personajes corresponde cada una de estas características.*

	CARLOS	ISABEL	ALEJANDRO	MARÍA
Adusto/a				
Asmático/a				
Autoritario/a				
Con sentido práctico				
Con tendencia a fantasear				
Continuamente adormilado/a				
Deprimido/a				
Desordenado/a				
Egoísta				
Extrovertido/a				
Flexible				

	CARLOS	ISABEL	ALEJANDRO	MARÍA
Intransigente				
Introvertido/a				
Lector/a empedernido/a				
Mal/a estudiante				
Nada hablador/a				
Poco expresivo/a				
Poeta				
Resentido/a				

A2. *Ordena las siguientes frases para formar un resumen de la historia que has leído.*

___ La situación no mejoró cuando compraron su propia pastelería, porque todos los miembros de la familia trabajaron en ella como bestias de carga.

___ Los hermanos tuvieron cada uno una serie de amores y desamores: Alejandro mantuvo distintas relaciones y María terminó casándose y tuvo tres hijos.

___ Tras el regreso a Bahía Blanca, la situación familiar empeoró: poco a poco se fueron distanciando unos de otros.

___ El negocio avícola fracasó, Alejandro se trasladó a Madrid, Carlos e Isabel no realizaron nunca su sueño de volver a España y María murió debido a una terrible enfermedad.

___ Antes de partir en un viaje hacia España, Alejandro cayó gravemente enfermo, pero, aun así, el viaje no se suspendió: su madre, su hermana y él se embarcaron.

EJERCICIOS   55

___ Allí vivían en una casa sin comodidades y pasaban muchas penalidades, deseando volver a España.

___ Isabel y Carlos se casaron muy jóvenes, tuvieron dos hijos y emigraron a Argentina.

___ Los tres años que pasaron en España fueron para todos, quizá, de los mejores de su vida.

___ Debido a ello, el carácter de Carlos se fue haciendo cada vez más autoritario y resentido; Isabel cayó en una depresión continua y Alejandro y María se criaron sin afecto.

___ La pastelería dejó de ser un buen negocio y Carlos decidió abrir una veterinaria avícola.

A3. *Elige la respuesta correcta para cada pregunta. Consulta el Capítulo I, «La familia», y el Capítulo II, «Alejandro».*

1. ¿Cuál era uno de los primeros recuerdos de Alejandro?

   a. Unas golosinas que le compraron en el Parque del Retiro.

   b. Un hermoso jardín repleto de flores y árboles frutales.

   c. Una vez que se comió doce plátanos.

2. ¿Por quién sentía adoración Alejandro?

   a. Por su abuela Carmen.

   b. Por su abuela Dolores.

   c. Por su hermana.

3. ¿Por qué, una vez en Argentina, empezó la tendencia a fantasear de Alejandro?

   a. Porque así se evadía de la realidad, que no le gustaba.

b. Porque la vida era aburrida en Argentina y no había nada que hacer.

c. Porque era un niño con retraso mental.

4. ¿Cuál es el peor recuerdo que conservaba Alejandro de la enfermedad que padeció cuando era un niño?

a. Las comidas sin sal.

b. El faltar al colegio durante dos años.

c. Las inyecciones que le ponían.

5. ¿En qué destacaba Alejandro en el colegio?

a. En Historia.

b. En Gramática.

c. En Dibujo.

6. ¿Por qué se enfrentaba Alejandro a su padre?

a. Porque era reacio a la autoridad y no soportaba el despotismo de su padre.

b. Porque a su padre no le gustaba que Alejandro tuviera amoríos con compañeras del colegio.

c. Porque su padre pegaba a su madre.

7. ¿Por qué expulsaron a Alejandro del colegio?

a. Porque no estudiaba nada.

b. Porque se descubrieron sus amores con Stella.

c. Porque no acudía nunca a clase.

8. ¿Por qué la vida sentimental y amorosa de Alejandro era rica y tortuosa?

a. Porque era un sinvergüenza.

b. Porque lo que menos le interesaba en la vida era el amor.

c. Porque era un desequilibrado emocional.

EJERCICIOS 57

A4. *Elige la opción correcta para completar los enunciados. Consulta el Capítulo I, «La familia», y el Capítulo III, «Isabel y Carlos».*

1. La Guerra Civil impidió que Carlos e Isabel
   a. pudieran estudiar.
   b. tuvieran amigos.
   c. se llevaran bien con sus padres.

2. Carlos e Isabel se casaron
   a. siendo muy jóvenes pero maduros.
   b. siendo muy jóvenes e inmaduros.
   c. siendo no muy jóvenes y maduros.

3. La vida en Argentina, la lejanía de los seres queridos y la imposibilidad de regresar a España convirtieron
   a. a Carlos en un hombre sereno y paciente, y a Isabel en una mujer alegre pero reservada.
   b. a Carlos en un hombre severo, egoísta, rencoroso y distante, y a Isabel en una mujer alegre pero reservada.
   c. a Carlos en un hombre severo, egoísta, rencoroso y distante, y a Isabel en una mujer nerviosa, depresiva y apática.

4. Los hijos de Carlos e Isabel se criaron sin afecto porque
   a. Carlos se volvió déspota y autoritario e Isabel no supo nunca manifestar su cariño.
   b. pasaban largas temporadas lejos de casa.
   c. lo único que querían era satisfacer sus caprichos.

A5. *Decide si los siguientes enunciados son verdaderos o falsos. Consulta el Capítulo I, «La familia», y el Capítulo IV, «María».*

1. María era una niña ingenua y se sentía estúpida si se comparaba con su hermano. .... V/F

2. María era la hija perfecta que supo no enfrentarse a su padre. .... V/F

3. A María le gustaba bastante la comida argentina. V/F

4. María se orinaba de pequeña en la cama. V/F

5. María se convirtió en una chica convencional que quería casarse y tener hijos. .... V/F

6. María estudió una carrera de letras. V/F

7. María se casó con Héctor y tuvo tres hijos. V/F

8. María, ya adulta, se dedicó a consolidar su profesión y su familia. .... V/F

B. CUESTIONES LÉXICAS

B1. *Elige la opción correcta. Ten en cuenta el contexto que te ofrece la historia que has leído.*

1. La enfermedad de su hermano la había vuelto a *postular / postergar / potabilizar*, si bien otros primos se colocaban aún por debajo de ella, como se notaba en el reparto de obsequios.

2. Carlos mandaba a golpe de imposición y castigo. En realidad ya *visionaba / virilizaba / vislumbraba* el fracaso de su devenir vital y ello justificaba tal resentimiento y autoritarismo, en ocasiones despiadado.

3. El negocio avícola se vino abajo pronto. Carlos lo mantuvo mientras pudo, compaginándolo con la veterinaria, pero al final *enclaustró / claudicó / claveteó*.

4. Regresó a España, escapando de posibles problemas con los militares en la Argentina de la dictadura. Los milicos habían arrasado su hogar en Bahía Blanca, habían *acribillado / acaecido / acatarrado* a sus perros.

EJERCICIOS 59

5. Alejandro se dejaba querer pero su prima no le hacía vibrar como Minerva, él continuaba *laminando / laicizando / languideciendo* por el laberinto de una pena inconsolable.

B2. *Aquí tienes siete sustantivos:* **antojo, avatar, dispendio, esmero, lid, novillos** *y* **sopor.** *Encuentra para cada uno de ellos un sinónimo de entre las siguientes palabras:* **capricho, cuidado, entrega, extravío, gasto, lucha, peldaño, pellas, rienda, somnolencia, trayectoria, vicisitud.*

B3. *Te damos una serie de adjetivos y su definición, pero, ¡cuidado!, las letras que forman estos adjetivos están desordenadas. Ordénalas para descubrir de qué adjetivos se trata.*

1. Contrario a hacer algo, que se opone a algo: ARECOI

2. Tela o vestido muy gastado por el uso: DIORA

3. De calidad media tirando a baja: RICODEME

4. Con vueltas y rodeos, retorcido, sinuoso: RUSOTOTO

5. Sin importancia ni trascendencia: VATIRIL

6. Perfecto, sin ningún defecto: MICEBLAPE

7. Confuso, desconcertado, dudoso: JEPROPEL

Una vez descubiertos, colócalos en las siguientes frases haciendo las modificaciones necesarias de género y número. Ten en cuenta el contexto que te ofrece la historia que has leído.

1. Alejandro era muy bueno también en Matemáticas y en Ciencias, pero _____ en Historia, le gustaba pero tenía mala memoria para fechas y nombres.

2. Con trece y once años volvían a tener una cama pequeña para los dos, _____ uniformes esco-

lares comprados de segunda mano aunque su madre solía confeccionar la ropa de todos, y la sensación de que les faltaban raíces sanas porque en tantas ocasiones se las habían arrancado.

3. Entonces, primero un hijo y luego los otros y, por último, Gustavo regresaron a España, derrotados y _____, para ser siempre habitantes de dos mundos.

4. Evidentemente su vida sentimental era rica y _____, así lo fue hasta el final de sus días.

5. Pero la puñalada definitiva llegaría días después, cuando Rafael cuestionó la _____ conducta de su abuela Carmen.

6. Sin embargo, todo se complicó con la enfermedad de Alejandro que al principio parecía _____ y terminó en una cuestión de vida o muerte.

7. Uno se fue haciendo cada vez más introvertido y _____ a la autoridad, la otra más extrovertida y flexible, aquél se distanciaba cada vez más del modelo familiar, ésta entraba en sus tramoyas.

B4. *Te damos una serie de palabras que aparecen en la historia que has leído y que son derivadas de otras. Indica, para cada una de ellas, la palabra de la que derivan y si el tipo de sufijo de cada una de estas palabras es un sufijo diminutivo, aumentativo o despectivo:*

	PALABRA DE LA QUE DERIVAN	TIPO DE SUFIJO
añitos		
buenazo		
burrito		

	PALABRA DE LA QUE DERIVAN	TIPO DE SUFIJO
cartitas		
casucha		
chillones		
cositas		
muchachotes		
polvillo		
tragón		

C. EJERCICIOS GRAMATICALES

C1. *El pronombre relativo **que** puede desempeñar distintas funciones. Entre otras, de sujeto, de complemento directo, de complemento indirecto, de complemento circunstancial o de complemento de régimen. Señala si en las siguientes frases el pronombre relativo **que** subrayado y en negrita funciona como sujeto, como complemento directo, como complemento indirecto, como complemento circunstancial o como complemento de régimen.*

1. Su hija aún recuerda la belleza del mar y los brillos solares **que** le enfermaron los ojos durante el viaje.

2. En una ocasión, pasó por un teatro en el **que** representaban la obra «Se necesita un hombre con cara de infeliz».

3. María se casó con Gustavo y tuvo tres hijos, consiguió un puesto en la universidad en la **que** había estudiado.

4. Pero Alejandro tuvo, a lo largo de esa prolongada vida de pareja, otras múltiples relaciones de las **que** obtenía las vitaminas amorosas necesarias.

5. Alejandro dedicaba horas a organizar mentalmente caravanas al oeste, influjo de las películas **que** veía gratis.

6. Aunque comía sin sal, le encantaban las patatas fritas **que** le preparaba su abuelo paterno, cocinero profesional.

7. Vio pocos muertos, pero no puede olvidarse de uno tirado en la calle, al **que** ciertos soldados le metieron un cactus en la boca mientras le seguían apaleando siendo ya cadáver.

8. Quizá su padre le castigó sin piedad como venganza por tantos reproches silenciosos que su hijo ya le hacía, por tantas responsabilidades de las **que** no le eximía.

9. Tenían poca ropa y solían usarla indefinidamente, calzaban zapatos malos **que** les destrozaban los pies y se privaban de cualquier cosa que no fuera esencial.

10. Sin transición, los tres arribarían, nuevamente, a aquella especie de infierno **que** el padre había elegido para todos como territorio de su futura gloria.

C2. *Completa las siguientes frases con los indefinidos* **algún, alguno, alguna, algunos, algunas, ningún, ninguno, ninguna.** *Pero, ¡atención!, uno de ellos no lo podrás utilizar.*

1. Salvo el sarampión años antes, no había padecido _____ enfermedad.

2. De las lágrimas de Alejandro brotó _____ poema que no conserva y otros que publicó en el diario local.

3. Carlos no era el hombre de la casa, sino su señor, su amo, si bien Isabel todavía lograba sacarle _____ _____ permisos para los hijos.

4. De estas relaciones _____ de los dos sacó más que dolor.

5. En la contienda, iba ciega al combate y, obviamente, siempre perdía, aunque _____ veces Alejandro se interpuso entre ambos para evitarle golpes.

6. Ambos discutían a gritos e, incluso _____ vez, llegaron a pegarse.

7. El tío se lo llevaba por campos, pueblos y otros laberintos geográficos para que pintara con él. Alejandro le adoraba sin _____ tipo de grieta.

8. Su padre era propietario de varios camiones de transporte y, hasta que se los requisó el ejército, entraba y salía con salvoconducto, pudiendo comprar comida, jabón y _____ otras cosas imprescindibles.

9. Allí los recibió la misma casucha tercermundista, el guiso único, el calzado de hierro y _____ capricho, salvo aquellos que se permitía el padre.

10. Ahora amaba a Stella, a la que encontró varias veces pero con quien no logró reiniciar _____ conversación.

C3. *Pon los verbos que te damos entre paréntesis en infinitivo, gerundio o participio, según corresponda.*

1. La Pastelería Rex se encargaba de realizar banquetes cada vez más numerosos y lujosos, para los que había que (hacer) _____ miles de *sandwiches* y pasteles.

2. Las fiebres reumáticas ya diagnosticadas, el mal de Corea y la lesión cardiaca después comprobadas, desa-

consejaban un viaje largo en barco como el que tenían (programar) _____, pero los proyectos no se alteraron y, probablemente, eso le salvó la vida.

3. Pero él sabía que ése no era su final, tenía que (ser) _____ poeta y físico y arquitecto y astrónomo y médico y misionero y muchas cosas más.

4. Dejó de (ser) _____ el centro del universo.

5. El profesor quedó (asombrar) _____ ante tanta pericia.

6. Progresivamente, desde su residencia casi en el fin del mundo, los cuatro fueron (perder) _____ _____ a sus seres más queridos.

7. Tanto amor y desamor a la vez, probablemente, enloquecieron a Alejandro, que se puso a (escribir) _____ como un poseso cartas de enamorado, mensajes en los que nombraba deseos que no saciaban pero sí soñaban.

8. Insistentes vómitos, estreñimientos o diarreas, y dolores de cabeza no lograron que su madre adelantara el tiempo de las preparaciones culinarias, pues seguía (dormir) _____ hasta tan avanzada la mañana que casi se levantaba por la tarde.

9. Empezaba a (conocer) _____ a una compañera, mucho más sensible y nerviosa de lo que había imaginado, que se dolía de las horas en soledad y de la pobreza con que debían (subsistir) _____ a pesar de los dos trabajos de Carlos.

C4. *Completa con x o con s las siguientes palabras:*

e__igente   e__altado   e__fuerzo

e__travío   e__cluir   e__mero

EJERCICIOS 65

e__pléndido   e__imir   e__pulsar
e__iliado   e__tallar   e__preso
e__casez   e__plosión   e__cándalo
e__celencia   e__tenso   e__pectáculo
e__tricto   e__quisito

D. CUESTIONES DE DISCURSO

D1. *Transforma las siguientes frases y escríbelas de forma que quieran decir lo mismo. Para ello, utiliza las palabras que te ofrecemos y haz las modificaciones necesarias. Ten en cuenta el contexto que te ofrece la historia que has leído.*

1. Cada uno de ellos vivía en casa de un abuelo, aunque de tanto en tanto intercambiaban residencia.

   _____ *pero* _____.

2. A pesar de ser propietarios de una pastelería importante, no llevaban dulces, la pizza de cierre se engullía sin bebida, mientras caminaban hacia casa, por lo general con frío, pues en esa ciudad suele bajar la temperatura por las noches.

   *Aunque*_____ *porque*_____.

3. Porque adivinó que no podría regresar, intentó encarcelar entre las paredes de su hogar una patria que ya no existía para nadie.

   Como _____.

4. Alejandro naufragaba en un erotismo espiritual de tal intensidad que asustaba a propios y extraños, pues traspasaba la carne y hacía arder el cerebro.

   _____ *ya que* _____.

5. Al darle la comida había que alimentarle con dos cucharas para que no hiciera un escándalo entre una y otra.

   _____ *con el fin de que* _____ .

6. Dormían juntos porque sólo tenían una cama.

   Como _____ .

7. Sus padres reaccionaron estúpidamente pegándole por ello, pues creyeron que todo se le caía por falta de atención.

   _____ *porque* _____ .

8. La situación no era buena pero mantenían la fe y la esperanza necesarias para cualquier aventura.

   Aunque _____ .

9. Faltó al colegio dos años, pero leía como un obseso.

   A pesar de _____ .

10. A veces se entretenían juntos, siempre que ella aceptara las condiciones de él.

    _____ *con tal de que* _____ .

D2. *Seguimos con conjunciones y locuciones. Completa las siguientes frases con estas conjunciones y locuciones:* **antes de que, de manera que, ni, o, si, sino que.**

1. No es que nadie se lo imponga _____ lo disfruta realmente.

2. Isabel no aprendía a tener una suma guardada para estos previsibles imprevistos, _____ le exigía cuen-

tas cuando reaparecía, tampoco sabía controlarlo con artes femeninas.

3. Él decidía, el resto obedecía, protestaba _____ lamentaba _____ claudicaba.

4. Probablemente poseía talento y era reposado cuando se le dejaba hacer lo que quería, pero fácilmente se enfadaba _____ se le contradecía _____ intentaba manipular.

5. Atrás quedaban sus escasas ropas, sus libros, sus discos, su hogar. El trabajo que tenía no le permitía muchos dispendios, _____ se fue a vivir con los dos únicos amigos que le apoyaban, mientras su pareja, Pilar, se reacomodaba en el hogar paterno.

6. La boda de Carlos e Isabel semejaba una comunión de adolescentes, pues no sólo eran muy jóvenes _____ incluso parecía que lo fueran aún más.

7. Pasaron dos años _____ naciera Alejandro, cuatro para dar a luz a María y seis para marcharse, equivocadamente, a la Argentina.

D3. *En el relato se dice que la familia escribía cartas semifalsas y superficiales a los parientes en España hablando de la vida en Bahía Blanca. Teniendo en cuenta la historia que has leído, imagina cómo sería una de esas cartas y redáctala.*

SOLUCIONES

A. COMPRENSIÓN DE LECTURA

A1. *Te presentamos una relación de características que describen a los cuatro personajes principales de la historia que has leído. Señala con una cruz, en la casilla adecuada, a cuál de estos personajes corresponde cada una de estas características.*

	CARLOS	ISABEL	ALEJANDRO	MARÍA
Adusto/a	X			
Asmático/a		X		
Autoritario/a	X			
Con sentido práctico				X
Con tendencia a fantasear			X	
Continuamente adormilado/a		X		
Deprimido/a		X		
Desordenado/a		X		
Egoísta	X			
Extrovertido/a				X

SOLUCIONES

	CARLOS	ISABEL	ALEJANDRO	MARÍA
Flexible				x
Intransigente	x			
Introvertido/a			x	
Lector/a empedernido/a			x	
Mal/a estudiante				x
Nada hablador/a	x			
Poco expresivo/a		x		
Poeta			x	
Resentido/a	x			

A2. *Ordena las siguientes frases para formar un resumen de la historia que has leído.*

1. Isabel y Carlos se casaron muy jóvenes, tuvieron dos hijos y emigraron a Argentina.

2. Allí vivían en una casa sin comodidades y pasaban muchas penalidades, deseando volver a España.

3. Debido a ello, el carácter de Carlos se fue haciendo cada vez más autoritario y resentido, Isabel cayó en una depresión continua y Alejandro y María se criaron sin afecto.

4. La situación no mejoró cuando compraron su propia pastelería, porque todos los miembros de la familia trabajaron en ella como bestias de carga.

5. Antes de partir en un viaje hacia España, Alejandro cayó gravemente enfermo, pero, aun así, el viaje no se suspendió: su madre, su hermana y él se embarcaron.

6. Los tres años que pasaron en España fueron para todos, quizá, de los mejores de su vida.

7. Tras el regreso a Bahía Blanca, la situación familiar empeoró: poco a poco se fueron distanciando unos de otros.

8. La pastelería dejó de ser un buen negocio y Carlos decidió abrir una veterinaria avícola.

9. Los hermanos tuvieron cada uno una serie de amores y desamores: Alejandro mantuvo distintas relaciones y María terminó casándose y tuvo tres hijos.

10. El negocio avícola fracasó, Alejandro se trasladó a Madrid, Carlos e Isabel no realizaron nunca su sueño de volver a España y María murió debido a una terrible enfermedad.

A3. *Elige la respuesta correcta para cada pregunta. Consulta el Capítulo I, «La familia», y el Capítulo II, «Alejandro».*

1. b	3. a	5. c	7. b
2. a	4. c	6. a	8. c

A4. *Elige la opción correcta para completar los enunciados. Consulta el Capítulo I, «La familia», y el Capítulo III, «Isabel y Carlos».*

1. a	2. b	3. c	4. a

A5. *Decide si los siguientes enunciados son verdaderos o falsos. Consulta el Capítulo I, «La familia», y el Capítulo IV, «María».*

1. V	3. F	5. V	7. F
2. V	4. V	6. F	8. V

B. CUESTIONES LÉXICAS

B1. *Elige la opción correcta. Ten en cuenta el contexto que te ofrece la historia que has leído.*

1. La enfermedad de su hermano la había vuelto a *postergar*, si bien otros primos se colocaban aún por debajo de ella, como se notaba en el reparto de obsequios.

2. Carlos mandaba a golpe de imposición y castigo. En realidad ya *vislumbraba* el fracaso de su devenir vital y ello justificaba tal resentimiento y autoritarismo, en ocasiones despiadado.

3. El negocio avícola se vino abajo pronto. Carlos lo mantuvo mientras pudo, compaginándolo con la veterinaria, pero al final *claudicó*.

4. Regresó a España, escapando de posibles problemas con los militares en la Argentina de la dictadura. Los milicos habían arrasado su hogar en Bahía Blanca, habían *acribillado* a sus perros.

5. Alejandro se dejaba querer pero su prima no le hacía vibrar como Minerva, él continuaba *languideciendo* por el laberinto de una pena inconsolable.

B2. *Aquí tienes siete sustantivos:* **antojo, avatar, dispendio, esmero, lid, novillos y sopor**. *Encuentra para cada uno de ellos un sinónimo de entre las siguientes palabras:* **capricho, cuidado, entrega, extravío, gasto, lucha, peldaño, pellas, rienda, somnolencia, trayectoria, vicisitud.**

antojo – capricho
avatar – vicisitud
dispendio – gasto
esmero – cuidado

lid – lucha
novillos – pellas
sopor – somnolencia

B3. *Te damos una serie de adjetivos y su definición, pero, ¡cuidado!, las letras que forman estos adjetivos están desordenadas. Ordénalas para descubrir de qué adjetivos se trata.*

1. Contrario a hacer algo, que se opone a algo: REACIO
2. Tela o vestido muy gastado por el uso: RAÍDO
3. De calidad media tirando a baja: MEDIOCRE
4. Con vueltas y rodeos, retorcido, sinuoso: TORTUOSO
5. Sin importancia ni trascendencia: TRIVIAL
6. Perfecto, sin ningún defecto: IMPECABLE
7. Confuso, desconcertado, dudoso: PERPLEJO

Una vez descubiertos, colócalos en las siguientes frases haciendo las modificaciones necesarias de género y número. Ten en cuenta el contexto que te ofrece la historia que has leído.

1. Alejandro era muy bueno también en Matemáticas y en Ciencias, pero **mediocre** en Historia, le gustaba pero tenía mala memoria para fechas y nombres.

2. Con trece y once años volvían a tener una cama pequeña para los dos, **raídos** uniformes escolares comprados de segunda mano aunque su madre solía confeccionar la ropa de todos, y la sensación de que les faltaban raíces sanas porque en tantas ocasiones se las habían arrancado.

3. Entonces, primero un hijo y luego los otros y, por último, Gustavo regresaron a España, derrotados y **perplejos**, para ser siempre habitantes de dos mundos.

4. Evidentemente su vida sentimental era rica y **tortuosa**, así lo fue hasta el final de sus días.

5. Pero la puñalada definitiva llegaría días después, cuando Rafael cuestionó la **impecable** conducta de su abuela Carmen.

6. Sin embargo, todo se complicó con la enfermedad de Alejandro que al principio parecía **trivial** y terminó en una cuestión de vida o muerte.

7. Uno se fue haciendo cada vez más introvertido y **reacio** a la autoridad, la otra más extrovertida y flexible, aquél se distanciaba cada vez más del modelo familiar, ésta entraba en sus tramoyas.

B4. *Te damos una serie de palabras que aparecen en la historia que has leído y que son derivadas de otras. Indica, para cada una de ellas, la palabra de la que derivan y si el tipo de sufijo de cada una de estas palabras es un sufijo diminutivo, aumentativo o despectivo:*

	PALABRA DE LA QUE DERIVAN	TIPO DE SUFIJO
añitos	año	diminutivo
buenazo	bueno	aumentativo
burrito	burro	diminutivo
cartitas	carta	diminutivo
casucha	casa	despectivo
chillones	chillar	aumentativo
cositas	cosa	diminutivo
muchachotes	muchacho	aumentativo
polvillo	polvo	diminutivo
tragón	tragar	aumentativo

C. EJERCICIOS GRAMATICALES

C1. *El pronombre relativo* **que** *puede desempeñar distintas funciones. Entre otras, de sujeto, de complemento directo, de complemento indirecto, de complemento circunstancial o de complemento de régimen. Señala si en las siguientes frases el pronombre relativo* **que** *subrayado y en negrita funciona como sujeto, como complemento directo, como complemento indirecto, como complemento circunstancial o como complemento de régimen.*

1. Sujeto.
2. Complemento circunstancial.
3. Complemento circunstancial.
4. Complemento de régimen.
5. Complemento directo.
6. Complemento directo.
7. Complemento indirecto.
8. Complemento de régimen.
9. Sujeto.
10. Complemento directo.

C2. *Completa las siguientes frases con los indefinidos* **algún, alguno, alguna, algunos, algunas, ningún, ninguno, ninguna.** *Pero, ¡atención!, uno de ellos no lo podrás utilizar.*

1. Salvo el sarampión años antes, no había padecido **ninguna** enfermedad.
2. De las lágrimas de Alejandro brotó **algún** poema que no conserva y otros que publicó en el diario local.

SOLUCIONES   75

3. Carlos no era el hombre de la casa, sino su señor, su amo, si bien Isabel todavía lograba sacarle **algunos** permisos para los hijos.

4. De estas relaciones **ninguno** de los dos sacó más que dolor.

5. En la contienda, iba ciega al combate y, obviamente, siempre perdía, aunque **algunas** veces Alejandro se interpuso entre ambos para evitarle golpes.

6. Ambos discutían a gritos e, incluso **alguna** vez, llegaron a pegarse.

7. El tío se lo llevaba por campos, pueblos y otros laberintos geográficos para que pintara con él. Alejandro le adoraba sin **ningún** tipo de grieta.

8. Su padre era propietario de varios camiones de transporte y, hasta que se los requisó el ejército, entraba y salía con salvoconducto, pudiendo comprar comida, jabón y **algunas** otras cosas imprescindibles.

9. Allí los recibió la misma casucha tercermundista, el guiso único, el calzado de hierro y **ningún** capricho, salvo aquellos que se permitía el padre.

10. Ahora amaba a Stella, a la que encontró varias veces pero con quien no logró reiniciar **ninguna** conversación.

C3. *Pon los verbos que te damos entre paréntesis en infinitivo, gerundio o participio, según corresponda.*

1. La Pastelería Rex se encargaba de realizar banquetes cada vez más numerosos y lujosos, para los que había que **hacer** miles de *sandwiches* y pasteles.

2. Las fiebres reumáticas ya diagnosticadas, el mal de Corea y la lesión cardiaca después comprobadas, desaconsejaban un viaje largo en barco como el que tenían **programado**, pero los proyectos no se alteraron y, probablemente, eso le salvó la vida.

3. Pero él sabía que ése no era su final, tenía que **ser** poeta y físico y arquitecto y astrónomo y médico y misionero y muchas cosas más.

4. Dejó de **ser** el centro del universo.

5. El profesor quedó **asombrado** ante tanta pericia.

6. Progresivamente, desde su residencia casi en el fin del mundo, los cuatro fueron **perdiendo** a sus seres más queridos.

7. Tanto amor y desamor a la vez, probablemente, enloquecieron a Alejandro que se puso a **escribir** como un poseso cartas de enamorado, mensajes en los que nombraba deseos que no saciaban pero sí soñaban.

8. Insistentes vómitos, estreñimientos o diarreas, y dolores de cabeza no lograron que su madre adelantara el tiempo de las preparaciones culinarias, pues seguía **durmiendo** hasta tan avanzada la mañana que casi se levantaba por la tarde.

9. Empezaba a **conocer** a una compañera, mucho más sensible y nerviosa de lo que había imaginado, que se dolía de las horas en soledad y de la pobreza con que debían **subsistir** a pesar de los dos trabajos de Carlos.

C4. *Completa con x o con s las siguientes palabras:*

exigente	exaltado	esfuerzo
extravío	excluir	esmero
espléndido	eximir	expulsar
exiliado	estallar	expreso

escasez   explosión   escándalo
excelencia   extenso   espectáculo
estricto   exquisito

D. CUESTIONES DE DISCURSO

D1. *Transforma las siguientes frases y escríbelas de forma que quieran decir lo mismo. Para ello, utiliza las palabras que te ofrecemos y haz las modificaciones necesarias. Ten en cuenta el contexto que te ofrece la historia que has leído.*

1. Cada uno de ellos vivía en casa de un abuelo, **pero** de tanto en tanto intercambiaban residencia.

2. **Aunque** eran propietarios de una pastelería importante, no llevaban dulces, la pizza de cierre se engullía sin bebida, mientras caminaban hacia casa, por lo general con frío, **porque** en esa ciudad suele bajar la temperatura por las noches.

3. **Como** adivinó que no podría regresar, intentó encarcelar entre las paredes de su hogar una patria que ya no existía para nadie.

4. Alejandro naufragaba en un erotismo espiritual de tal intensidad que asustaba a propios y extraños, **ya que** traspasaba la carne y hacía arder el cerebro.

5. Al darle la comida había que alimentarle con dos cucharas **con el fin de que** no hiciera un escándalo entre una y otra.

6. **Como** sólo tenían una cama, dormían juntos.

7. Sus padres reaccionaron estúpidamente pegándole por ello, **porque** creyeron que todo se le caía por falta de atención.

8. **Aunque** la situación no era buena, mantenían la fe y la esperanza necesarias para cualquier aventura.

9. **A pesar de** faltar al colegio dos años, leía como un obseso.

10. A veces se entretenían juntos **con tal de que** ella aceptara las condiciones de él.

D2. *Seguimos con conjunciones y locuciones. Completa las siguientes frases con estas conjunciones y locuciones:* **antes de que, de manera que, ni, o, si, sino que.**

1. No es que nadie se lo imponga **sino que** lo disfruta realmente.

2. Isabel no aprendía a tener una suma guardada para estos previsibles imprevistos, **ni** le exigía cuentas cuando reaparecía, tampoco sabía controlarlo con artes femeninas.

3. Él decidía, el resto obedecía, protestaba **o** lamentaba **o** claudicaba.

4. Probablemente poseía talento y era reposado cuando se le dejaba hacer lo que quería, pero fácilmente se enfadaba **si** se le contradecía **o** intentaba manipular.

5. Atrás quedaban sus escasas ropas, sus libros, sus discos, su hogar. El trabajo que tenía no le permitía muchos dispendios, **de manera que** se fue a vivir con los dos únicos amigos que le apoyaban, mientras su pareja, Pilar, se reacomodaba en el hogar paterno.

6. La boda de Carlos e Isabel semejaba una comunión de adolescentes, pues no sólo eran muy jóvenes **sino que** incluso parecía que lo fueran aún más.

7. Pasaron dos años **antes de que** naciera Alejandro, cuatro para dar a luz María y seis para marcharse, equivocadamente, a la Argentina.

D3. *En el relato se dice que la familia escribía cartas semifalsas y superficiales a los parientes en España hablando de la vida en Bahía Blanca. Teniendo en cuenta la historia que has leído, imagina cómo sería una de esas cartas y redáctala.*

Por ejemplo:

Queridos padres:

    Esperamos que cuando recibáis esta carta os encontréis bien, nosotros estamos bien, gracias a Dios. Las cosas por aquí siguen más o menos como siempre. Los niños están muy bien en el colegio. Ya sabéis que van a uno muy bueno, con uniforme y todo, y aprenden mucho. Cuando pueden, nos echan una mano en la pastelería, que cada día va mejor. Intentamos ahorrar todo lo que podemos, pero es difícil. Ya nos vamos adaptando a estas tierras, pero, claro, pensamos mucho en España y en la familia y los amigos que hemos dejado allí, y procuramos no perder las costumbres españolas. ¡Hasta hago cocido madrileño! Aunque, claro, los ingredientes no son exactamente iguales. Lo peor aquí es el clima. Por las noches hace mucho frío, pero poco a poco nos vamos habituando. La casa la estamos acondicionando y está quedando muy bien.

    Contestadnos en cuanto podáis. Siempre nos gusta recibir noticias vuestras.

    Los niños y Carlos os mandan muchos besos.

    Muchos besos y abrazos de vuestra hija,

                                Isabel